하나님
없이도 살 수 있을까?

KB194775

하나님
없이도 살 수 있을까?

고은식 글·그림

FutureGeneration

미래 세대를 위한 신앙 가이드북

97 vs 3

우래된 미래, 다가온 미래

살아에서 비전의 파도타기

신율

차례

"광야의 길을 기꺼이 걸을 수 있는 이유,
아내 혜민과 아들 건에게 이 책을 드립니다."

추
천
사

미래라는 불확실성이 주는 두려움에 잠식되지 않고, 내 앞에 펼쳐
진 미래가 주는 기회와 무한한 가능성에 가슴 뛰는 삶을 살아갈 그
대를 위한 책. 비단 청소년뿐만 아니라 하나님 나라를 가슴에 품은
자라면 누구라도 꿈꾸게 하는 책. 어느새 장년이 된 저의 심장 또한
이 책을 읽는 내내 천국을 향한 소망과 미래를 향한 희망으로 뜨거
웠습니다.

– **김수지** | 찬양사역자

고은식 목사님은 다음 세대 사역에 올인한 사람입니다. 브리지임
팩트와 코스타에서 만나며 받았던 그 안에 있는 다음 세대를 향한
뜨거운 열정은 전염성이 강한 것이었습니다. 벌써 20여 년간 하나
님 소명을 따라 한 길을 걸어온 고은식 목사님의 책은 비단 미래

세대 뿐 아니라 믿음으로 가나안에서 영적 전쟁을 해야 하는 모든 성도들에게 깊은 울림을 줄 것으로 확신합니다.

— **김재효** | 한동대학교 기계제어공학부 교수

고은식 목사님의 유쾌한 성격이 고스란히 묻어난 책 내용이 참 재미있습니다. 성경을 어렵게 느끼셨던 분들이 이 책을 통해 성경을 좀 더 친숙하고 쉽게 느껴보시길 기대해봅니다. 성경은 변하지 않는 하나님의 진리이며 사랑이며 우리를 향한 소망의 책입니다. 이 책을 통해 성경 안에 담긴 크고 놀라우신 사랑의 메시지를 많은 사람들이 알아가는 귀한 시간이 되길 소망합니다. 저도 이 책을 읽고 동시대를 살아가는 한사람의 청년으로서 이 세상을 향한 하나님의 크신 사랑에 대한 깊은 울림이 있었고 삶의 방향성과 삶을 대하는 태도에 대해서 다시 한 번 생각할 수 있었습니다. 많은 청년들과 다음 세대들에게 이 책이 신앙생활을 하는데 있어서 흔들리지 않는 든든한 기둥역할이 되었으면 합니다.

- 남보라 | 배우

저자의 젊은 날의 열정을 보아온 사람으로서 『하나님 없이도 살 수 있을까?』라는 책을 출판함에 무한한 기대를 하게 됩니다. 어린 시절 다가올 미래에 대한 기대와 우려를 심각하게 경험한 저자 고은식 목사님은 동시대를 살아가는 다음 세대들 그리고 그들의 미래를 걱정하고 기도하는 기성 세대들에게 비전, 성결, 복음이라는 키워드를 통하여 이 세대를 진단합니다. 나아가 한때는 한강의 기적이라 불리는 경제 발전에 힘입어 세계 교회사에 있어서 기념비적인 인정을 받아왔던 한국 교회에 대한 사회적 외면의 엄중한 상황을 어떻게 헤쳐 나갈 수 있을 지에 대한 방향을 경험적이고 실증적으로 제시하고 있다고 봅니다. 미래를 걱정하고 다음 세대를 그리스도 안에서 세우기를 원하는 분들에게는 더더욱 꼭 읽어 볼만한 나침반과 같은 소중한 책입니다.

– 남진석 | 글로벌선진학교 이사장

고은식 목사님은 언제나 사람들을 믿음으로 연결하기 위해 애쓰십니다. 그렇게 서로간의 믿음의 차이를 좁혀서 모두가 하나님 앞에 온전히 설 수 있도록 힘쓰십니다. 이 책에 담긴 생각과 가르침 그리고 일러스트레이션은 빠르게 변하는 세상에서 새로운 도전에 맞서야 하는 다음 세대들이 신앙과 삶 모두에서 믿음으로 맞설 수 있도록 도와줄 것입니다.

— 리키김 | RightNow Media 대표, 배우

지금 우리는 돈이면 모든 것이 거의 다 가능한 자본주의 사회에서 살고 있습니다. 마치 돈만 있으면 인간이 하나님 없이 살 수 있는 것처럼 말합니다. 그리고 이 세상은 점점 인간의 권리와 존중을 내세우며 하나님의 창조질서마저 무너뜨리고 있습니다. 이 책은 급변하는 세상 속에서 우리가 하나님의 자녀로서 어떻게 살아가야 하는지에 대한 고민과 방법을 제시하고 있습니다. 세상과 당당히 맞선 참된 그리스도인이 되기 위한 마음의 양식을 쌓기 원한다면 꼭 이 책을 읽어보길 추천합니다.

— 박위 | 유튜브 크리에이터, 〈위라클〉 채널 운영

이 책을 다 읽고 나니 마치 타임머신을 타고 과거, 현재, 미래를 오가며 시간 여행을 한 것 같은 기분입니다. 급속도로 발전하는 세상을 살아가며 점점 하나님 없이도 잘 살 수 있다고 믿는 이들이 많아지고 있는 가운데, 동시대를 살아가는 목회자로서 고은식 목사님의 다음 세대를 향한 끊임없는 고민과 사랑을 엿볼 수 있었습니다. 그리고 결국 우리가 어떤 시대를 살아가던 상관없이 무엇을 붙들어야 할지도 말입니다. 만약 당신도 다음 세대를 향한 애정이 있다면 이 책을 읽어보기를 추천합니다.

– **범키** | 가수

한국 교회의 미래를 모두가 걱정합니다. 문제는 구체적으로 묻지도, 구체적인 답을 구하지도 않는다는 것입니다. 그리고 믿어야 할 것과 알아야 할 것을 혼동한다는 것입니다. 교회는 코로나 팬데믹을 겪고 나서야 사회변동과 과학기술이 교회에게 시시각각 결단을 촉구한다는 걸 절감했습니다. 포스트 코로나 이후 교회경영이라는 얄팍한 계산을 넘어 교회를 위한 미래학, 미래교회를 위한 비전을 복음의 빛으로 살핀 한국 교회 첫 번째 저작입니다. 박수를 보냅니다.

– 변상욱 | (전)CBS 대기자, YTN 앵커

세상을 이길 수 있는 유일한 힘은 다윗이 골리앗을 이길 수 있었던 바로 그 힘입니다. 이 책은 그 힘을 키우는 비결을 정말 재미있고 쉽게 풀어 놓은 책으로 청년들께 강력하게 추천 드립니다.

– 정태희 | 리박스 컨설팅 대표

세상이 크고 급하게 변하고 있습니다. 이런 시대에 하나님의 자녀들은 미래 준비를 어디서부터 시작해야 할까요? 이 책의 저자인 고은식 목사님이 제안하는 흔들리지 않는 믿음과 미래에 대한 올바른 통찰력은 좋은 시작점입니다. 급변하는 세상에서 믿음은 나침반이고, 미래에 대한 올바른 통찰력은 성능 좋은 망원경이기 때문입니다. 이 책은 믿음이라는 나침반과 미래 통찰력이라는 망원경을 어떻게 사용할 것인 지에 대한 지혜가 가득한 보물지도입니다. 하나님과 함께 하는 특별한 비전 여행을 시작하는 미래 세대에게 적극 추천합니다.

— **최윤식** | 아시아미래인재연구소 소장. 미래학자

"우리 모두는 미래 세대입니다."

학창 시절부터 저는 미래를 생각하면 심장이 뛰었습니다. 그래서 미래를 배경으로 하는 SF 영화, 소설, 만화에 푹 빠져 지냈습니다. 배경이 되는 미래가 꼭 유토피아Utopia, 이상적인 세계 만 있던 것은 아닙니다. 하지만 디스토피아Dystopia, 부정적인 세계 라 해도 상관없었습니다. 아직 오지 않은 시간, 결정되지 않은 것들을 상상한다는 것은 정말 매력적인 일이었기 때문입니다. 이렇게 미래에 빠져 꿈꾸며 나중에 커서 미래를 위해 어떤 역할을 하고 싶다는 기대도 했던 것 같습니다. 물론 절망적이라고 느껴질 만한 암울한 미래를 그린 작품들도 만나볼 수 있었습니다. 솔직히 미래를 그리는 SF 영화나 만화는 거의 대부분

디스토피아의 세계관을 담고 있긴 했습니다. 그럼에도 불구하고 저는 이런 고민에 빠지진 않았던 것 같습니다.

'어! 저런 무시무시한 미래가 현실이 되면 어떻게 하지?'

우울하고 암울한 미래의 이야기를 보고 들으며 세상을 두려워하거나 고민에 빠져 있지는 않았습니다. 지금 돌아보면 교회와 가정에서 배운 성경 말씀을 통해 결국에는 하나님이 승리하신다는 사실을 알고 있었기 때문이었던 것 같습니다. 동화를 읽기 시작할 때부터 함께 읽기 시작한 성경은 그리스·로마 신화를 읽을 때도 제 곁에 있었고, 역사책과 철학책을 읽을 때도 늘 곁에 있었습니다. 이렇게 어린아이 때부터 심겨진 순수한 믿음의 씨앗은 청소년이 되고, 청년이 되면서 무럭무럭 자라고 성장했습니다. 그리고 성인이 되기까지 다양한 신앙의 체험까지 더해져 더욱 확실하고 단단한 믿음이 되었습니다. 이런 시간을 보낸 지금, 저의 성경 옆에는 미래학 서적들이 한가득 쌓여 있습니다. 목회자이며 미래학을 공부한 사역자가 된 것입니다. 제가 이렇게 미래학을 공부하는 이유는, 제가 그랬듯이 사랑하는 다음 세대가 준비된 미래 세대로 내일을 맞이하길 원하기 때문입니다.

우리가 살아가고 있는 시대는 제가 어린 시절 먼 미래의 이야기라고 상상했던 일들이 현실로 다가오고 있는 시대입니다. SF 영화와 소설과 만화 속 미래의 이야기가 눈앞에 펼쳐지고 있습니다. AI^Artificial Intelligence를 탑재한 로봇이 식당에서 음식을 서빙합니다. 자율주행 자동차가 거리를 활보합니다. 기계 인간 프로젝트가 결실을 맺으며 AI와 딥러닝^Deep Structured Learning

으로 사이보그가 탄생되었습니다. 이렇게 변화의 속도가 감당할 수 없을 만큼 거세기에 앞으로 펼쳐질 미래는 준비된 자에게는 유토피아로, 준비되지 못한 이들에게는 디스토피아로 다가올지도 모릅니다.

그렇다면 어떻게 미래를 준비하면 좋을까요? 미래를 준비하는 이들에게 가장 중요한 통찰력은 아마도 미래에 변할 것과 변치 않을 것을 분별하는 기준을 세우는 일일 것입니다. 급변하는 시대에 미래에 변할 것이 무엇인지를 열심히 공부하는 자세가 필요합니다. 아울러 미래에도 변하지 않을 것이 무엇인지를 살피는 지혜도 필요합니다. 이는 지나온 역사와 문화, 철학을 살펴보며 힌트를 얻을 수 있습니다. 그러나 무엇보다 미래에도 변치 않을 것 중에서 가장 분명한 것은 세상을 창조하신 하나님이 우리의 주권자 되시며 여전히 이 세상을 통치하신다는 사실입니다. 그래서 그리스도인에게 변화될 미래는 두려움이 아닌 기대감으로 바라볼 세상입니다. 제가 이 책을 쓰게 된 가장 중요한 이유가 바로 여기에 있습니다. 변화하는 세상 속에서 변치 않는 진리를 소유한 그리스도인의 자세는 어떠해야 할지를 이야기하고 싶었습니다.

이 책은 비전, 성결, 복음이라는 세 가지 주제를 다루고 있습니다. 급변하는 미래를 정확히 바라보고 그 시대에 꼭 필요한 인재가 될 수 있도록 최선을 다해 잘 준비하되, 하나님 앞에서 구별된 자로서의 자세를 잃지 말아야 하며, 이 모든 것은 무엇보다 복음에 기초한 것이어야 흔들리지 않고 든든히 설 수 있다는 것을 전하고 싶었습니다. 복음이야 말로 하나님이 세상을 창조하신 그 순간부터 지금까지 한 번도 변함없던 진리이기 때문입니다. 그래서 세상은 보이지 않는 하나님을 어떻게 믿을 수 있냐며, 하나님 없이 살 수 있다고 유혹 하지만, 우리는 도저히 하나님 없이는 살 수 없다는 것을 다음 세대 여러분들과 나누고 싶었습니다.

제가 어릴 적에 바라보았던 한국교회는 대한민국의 중심에서 대단한 영향력을 끼치는 공동체였습니다. 믿지 않는 친구의 부모님도 자녀가 교회에 나가는 것을 말리지 않고 오히려 권장할 정도로 개신교는 우리 사회에서 믿음직스럽고 덕망 있는 공동체였습니다. 그래서 저는 교회 안에서 자라난 처치 키드

Church Kid로서 자부심을 갖고 성장할 수 있었습니다. 그런데 지금 우리 시대는 누구나 다 알고 있듯이 그때와는 분위기가 많이 바뀌었습니다. 기독교가 개독교로 불린 지 오래고, 개신교를 향한 사회의 신뢰 지수는 바닥을 치고 있습니다. 기성 세대로서, 한 명의 목회자로서 책임감을 느끼며 다음 세대에게 진심으로 죄송할 따름입니다. 저는 무엇이 문제였는지, 누구의 잘못인지를 따지는 것 보다 이런 목소리를 겸허하게 받아들이며 우리를 돌아보고, 무너진 부분을 다시 일으켜 세워가길 소망합니다. 그래서 저는 이 책에서 '다가올 미래'와 '오래된 미래'라는 부록과 같은 글을 통해 다시금 든든히 일어설 교회를 위한 미래의 길도 담아 보았습니다.

한국교회의 지난날의 과오와 그리스도인 개개인의 연약함

과는 별개로, 하나님은 단 한 번도 실수한 적도, 실패한 적도 없으십니다. 이 책을 함께 읽으며 여전히 신실하신 그분의 관심이 어디를 향해 있는지 돌아보고, 다가올 미래에도 여전히 세상을 다스리실 하나님을 신뢰하며 기쁨의 여정으로 미래를 마주할 수 있는, 실력과 인격과 신앙을 겸비한 미래 세대가 되길 소망해 봅니다.

미래준비학교

광야에서
비전의 파도타기

세기의 대결

전운이 감도는 엘라 골짜기Valley of Elah, 이스라엘과 블레셋 양쪽 군대가 침을 꿀꺽 삼키며 지켜보는 가운데 나라의 운명을 짊어진 두 명의 파이터Fighter가 호흡을 가다듬고 서로를 응시하고 있습니다. 한쪽에는 '전장의 지배자'라는 타이틀이 어울리는 거인 골리앗이 거친 숨을 몰아쉬고 있습니다. 골리앗의 신장은 여섯 규빗 한 뼘입니다. 한 규빗이 성인 남성의 손끝에서 팔꿈치까지의 길이로 약 45cm라는 것을 감안하면 290cm에 달하는 엄청난 거인입니다. 놀랍게도 그를 마주한 상대는 곱상하게 생긴 소년인데 심지어 목숨을 건 결투에 나서면서 갑옷도 챙겨 입지 않았습니다. 게다가 소년의 손에 쥐어진 무기는 칼도, 창도 아닌 작은 물맷돌입니다.

"아아… 이렇게 이스라엘의 운명은 끝이 나는 걸까?"

"주여! 어디 계시나이까? 우리를 굽어 살피소서!"

이스라엘 진영의 한숨이 짙어집니다. 자신들의 대표로 나선

소년이 도무지 미덥지가 않습니다. 반면 블레셋 진영의 사기는 하늘을 찌를듯합니다.

"헐~ 아무리 그래도 저런 꼬맹이를 내세우다니, 이스라엘 놈들 정신이 나간 거 아냐?"

"크헤헤~ 우리로서는 땡큐지~ 자 이제 골리앗 장군님만 믿고 다들 노략질 준비하자고!"

이란격석以卵擊石, 계란으로 바위를 친다는 표현이 어울리는 상황이 눈앞에 펼쳐집니다. 그 누구도 다른 결말을 예상하지 못한 그때, 소년이 단호한 음성으로 외치며 달려 나갑니다.

"다윗이 블레셋 사람에게 이르되 너는 칼과 창과 단창으로 내게 나아 오거니와 나는 만군의 여호와의 이름 곧 네가 모욕하는 이스라엘 군대의 하나님의 이름으로 네게 나아가노라"

사무엘상 17:45

'휘이익~ 픽!'

바람을 가른 돌멩이가 거인 골리앗의 투구를 뚫고 이마에 꽂힙니다. 그 자리에 풀썩 쓰러진 거인을 향해 쏜살같이 달려

간 소년 다윗은 골리앗의 허리춤에서 칼을 빼어 그의 목을 벱니다. 순식간에 일어난 일이었습니다.

"우와아아아아!"

공포의 대상이었던 골리앗이 힘없이 쓰러지는 모습을 목격한 이스라엘 군대는 함성을 지르며 블레셋 군대를 추격하였고, 믿었던 장수의 허무한 죽음을 보고 겁에 질린 블레셋 군대는 정신을 잃고 도망쳤습니다. 그야말로 민족의 운명을 뒤바꾼 싸움, 세기의 대결이었습니다.

리틀 데이빗 신드롬

성경에서 가장 드라마틱한 장면 중의 하나인 다윗과 골리앗의 대결은 많은 그리스도인에게 용기를 주었습니다. 거인 골리앗을 쓰러뜨린 소년 다윗의 이야기는 '하나님을 믿는 자는 세상의 어떤 어려움도 이겨낼 수 있다'는 상징이 되었기 때문입니다. 그런데 한편으로는 이 이야기는 얌체 같은 그리스도인을 양산해 내기도 했습니다. 그래서 저는 리틀 데이빗 신드롬Little

David Syndrome, 꼬마 다윗 신드롬이란 이름을 붙여주고 싶을 정도입니다. 제가 리틀 데이빗 신드롬이라고 부른 이유는 많은 그리스도인들이 공정한 노력을 해야 하는 상황에서도 노력보다는 기도에만 매달리며 노력한 이들보다 좋은 결과를 바라 왔기 때문입니다. 여러분은 이 공식에 대해서 어떻게 생각하시나요?

'믿는 자의 기도 = 하나님의 도우심'

틀린 공식은 아닙니다. 아니, 오히려 모든 그리스도인이 아멘으로 취해야 할 믿음의 공식입니다. 그러나 많은 그리스도인이 다윗과 골리앗의 이야기를 '준비되지 않은 사람도 하나님께 간절히 기도하면 들어 쓰신다'라는 내용으로 받아들여 자기 합리화를 하려 합니다. 이러한 자기중심적인 믿음은 오히려 하나님의 뜻을 오해하고 거스를 때가 많습니다. 많은 크리스천 학생들이 시험 기간만 되면 기도에 열의를 보입니다. 평소에 기도 생활을 열심히 하지 않던 친구들도 시험지가 눈앞에 놓인 순간만큼은 간절한 기도를 올립니다.

'하나님, 아시죠? 찍는 것도 다 맞게 해주세요!'

옆 친구는 80%, 90%의 노력을 기울이는데 자신은 겨우 50%의 노력을 기울여놓고 기도로 나머지 50%를 채워 100%

의 결과를 맛보려는 얌체 같은 그리스도인이 얼마나 많은지 모릅니다. 심지어 50%의 노력에도 70% 정도의 결과를 받게 되면 준비한 것에 덤으로 주어진 20%에 감사하는 것이 아니라 기도에 못 미친 30%를 가지고 실망하기도 합니다. 하나님께서 이러한 기도에 응답하시지 않는 이유는 기도를 들어주실 능력이 없으셔서가 아닙니다. 우리의 기도에 간절함이 부족해서도 아닙니다. 하나님은 결과가 아닌 과정, 우리의 자세를 중요하게 여기시기 때문입니다. 성도의 작은 신음에도 응답하시는 하나님은 지금도 살아 계셔서 역사하십니다. 하지만 하나님은 사랑하는 자녀들이 삶의 현장에서 노력은 하지 않고 떼쓰듯 기도에만 매달리는 것을 달가워하시지는 않습니다. 그리고 적어도 다윗과 골리앗의 이야기는 이러한 '기도 만능'의 프레임을 지지하는 구절이 아닙니다.

다윗의 스펙

"여러분, 골리앗과 맞서 싸운 소년 다윗의 키는 어느 정도였을까요?"

다음 세대 집회에서 이런 질문을 하면 참 각양각색의 대답이 돌아옵니다.

"150cm요!", "120cm요!", "저보다 작아요!!", "얘만 해요~"

간혹 디테일을 좋아하는 친구들의 대답도 들립니다.

"134cm요!", "128cm요!", "153cm요!"

때로는 귀를 의심할 만한 대답도 흘러나옵니다.

"90cm요!"

실제로 골리앗과의 싸움 당시 다윗의 키는 어느 정도였을까요? 많은 분들이 120cm~160cm 정도의 왜소한 체구의 소년을 상상합니다. 어린 시절 주일학교를 다닌 경험이 있는 분들은 그렇지 않은 분들에 비해 꼬맹이 다윗이라는 이미지가 더 강렬합니다.

"사울이 다윗에게 이르되 네가 가서 저 블레셋 사람과 싸울 수 없으리니 너는 소년이요 그는 어려서부터 용사임이니라"

사무엘상 17:33

성경 말씀에서 다윗을 지칭하는 '소년'이라는 단어와 주일 학교에서 접한 일러스트 속 다윗의 모습이 영락없는 '꼬맹이'이기에, 당연한 반응일지도 모릅니다. 그래서 우리 중 대부분은 다윗과 골리앗 이야기를 보며 다윗의 뒤에서 이런 일이 벌어지고 있을 것이라고 상상합니다.

산처럼 높이 솟은 거인 골리앗의 기세에 눌린 이스라엘 백성들은 40일 동안을 꿈쩍도 못하고 블레셋 군대 앞에서 벌벌 떨고 있습니다. 그런데 양치기 소년 다윗은 달랐습니다. 정확히 말해 다윗의 믿음은 다른 이들 보다 특별했습니다. 형들에게 도시락을 전해주러 전쟁터에 나왔다가 하나님을 욕하는 골리앗의 모습에 화가 난 소년 다윗은 사울 왕에게 간청하여 결국 골리앗과 대결을 벌이게 됩니다. 기저귀가 어울릴만한 꼬맹이 철부지 소년, 그러나 믿음은 그 누구보다 순수하고 강했던 다윗!! 그가 아장아장 달려가면서 외칩니다.

"너 골리앗~ 감히 하나님을 욕해? 가만 안 둘 테얏!"

'휘이이이익~'

아! 저런, 믿음의 소년 다윗이 용기를 내어 힘껏 물맷돌을 던졌지만, 안타깝게도 돌멩이는 엉뚱한 곳을 향해 날아가네요.

정말 이스라엘엔 소망이 없는 걸까요? 잠깐, 그런데 이때 하늘에서 대책 회의가 열립니다. 하나님께서 급히 천사 가브리엘을 부르시는군요.

"가브리엘! 큰일 났다!"

"주님, 무슨 일이십니까?"

"지금 이스라엘 백성 중에 날 믿고 내 편이 되어 주는 사람이 저 꼬마 다윗밖에 없거든. 그런데 이번 골리앗과의 전투에서 다윗이 지면 내 체면이 구겨지겠어!"

"흠, 그렇겠군요."

"안 되겠다, 가브리엘! 얼른 가서 돌멩이 궤도 수정해!"

"넵, 명을 받들겠습니다!"

'휘이이이익~ 퍽!'

하늘에서 날아온 가브리엘이 다윗이 던진 돌멩이의 궤도를 수정하자, 작지만 단단한 돌멩이가 바람을 가르고 날아가 거인 골리앗의 투구를 뚫고 이마에 박혔어요.

흔히 '다윗과 골리앗' 이야기는 철부지 꼬맹이지만 믿음만은 누구보다도 순수했던 소년 다윗이 기도로 나아가 거인 골리앗을 쓰러뜨린 사건이라고 생각합니다. 그러나 과연 우리의 생각처럼 다윗이 철부지 꼬맹이, 왜소한 체구의 소년이었을까요? 저는 그렇게 보지 않습니다. 오히려 성경이 묘사하는 다윗의 모습은 그 반대입니다. 성경에 다윗의 키에 대해서 직접적으로 언급하고 있지는 않지만, 그의 키를 유추해볼 수 있는 장면이 나옵니다.

"기스에게 아들이 있으니 그의 이름은 사울이요 준수한 소년이라 이스라엘 자손 중에 그보다 더 준수한 자가 없고 키는 모든 백성보다 어깨 위만큼 더 컸더라" 사무엘상 9:2

"그들이 달려 가서 거기서 그를 데려오매 그가 백성 중에 서니 다른 사람보다 어깨 위만큼 컸더라 사무엘이 모든 백성에게 이르되 너희는 여호와께서 택하신 자를 보느냐 모든 백성 중에 짝할 이가 없느니라 하니 모든 백성이 왕의 만세를 외쳐 부르니라" 사무엘상 10:23~24

이스라엘의 초대 왕이었던 사울의 외모를 묘사할 때 두 번이나 그의 키에 대한 언급이 나옵니다. 그는 이스라엘 모든 백성보다 어깨 위만큼 더 컸고, 그의 모습은 그에게 기름을 부은 선지자 사무엘과 온 백성이 자랑스러워할 만큼 위풍당당한 모습이었습니다. 당시 시대를 감안하여 이스라엘 성인 남성의 평균 키를 160cm~170cm 정도로 가정해 보겠습니다. 사울은 이스라엘 평균 성인 키의 어깨 위만큼, 즉 머리 하나가 더 큰 것으로 묘사되니 190cm에 달하는 용맹한 장군의 모습을 떠올릴 수 있습니다. 그런데 이처럼 신체조건이 우수했던 사울 왕이 자신의 군복과 갑옷을 다윗에게 건네주는 장면이 나옵니다.

"이에 사울이 자기 군복을 다윗에게 입히고 놋 투구를 그의 머리에 씌우고 또 그에게 갑옷을 입히매" 사무엘상 17:38

이스라엘의 운명을 거머쥔 전투에 나가는 다윗에게 사울 왕은 가장 좋은 갑옷과 칼을 건네줍니다. 이에 다윗은 사울의 갑옷과 군복을 입어보고 몇 걸음 걸어보는데, 크거나 무거워서가 아닌 '익숙하지 못하기에' 정중히 거절합니다.

"다윗이 칼을 군복 위에 차고는 익숙하지 못하므로 시험적으로

걸어 보다가 사울에게 말하되 익숙하지 못하니 이것을 입고 가

지 못하겠나이다 하고 곧 벗고" 사무엘상 17:39

대부분의 그리스도인이 인식하는 대로라면 190cm 정도 되는 왕이 150cm쯤 되는 소년에게 자신의 군복과 갑옷을 입혀 주었다는 것인데, 이는 난센스입니다. XXL 사이즈의 옷을 S 사이즈 체격에게 입힐 수는 없는 노릇이죠. 사울 왕의 행동은 적어도 다윗의 신체조건이 사울 왕과 비슷해야만 이해될 수 있습니다. 이를 통해 유추해 본다면 골리앗을 상대할 다윗의 키는 사울 왕과 비슷한 XXL 사이즈의 체격 조건을 갖춘, 최소한 180cm는 넘는 신체 건장한 청소년이었다고 보는 것이 타당할 것입니다.

광야, 미래준비학교

150cm의 꼬맹이 다윗이 290cm의 거구 골리앗을 상대했다고 상상하면 '리틀 데이빗 신드롬'을 일으키기 좋은 극적

인 모습이 연출될 수 있습니다. 하지만 180cm 정도의 건장한 청소년이라면 이야기는 조금 달라집니다. 물론 150cm이든 180cm이든 골리앗 앞에서는 도토리 키재기이긴 합니다. 하지만 180cm의 건장한 체격의 다윗이 골리앗을 상대하러 나갔는데 그가 산전수전 다 겪은 실력자였다면 어떨까요? 너무나 극적인 전투 이야기에 꼬맹이 다윗의 이미지만 그려왔던 우리가 간과해 왔던 것이 있습니다. 그것은 다윗은 이미 맹수도 때려잡는 실력을 갖춘 훈련된 용사였다는 것입니다.

"다윗이 사울에게 말하되 주의 종이 아버지의 양을 지킬 때에 사자나 곰이 와서 양 떼에서 새끼를 물어가면 내가 따라가서 그것을 치고 그 입에서 새끼를 건져내었고 그것이 일어나 나를 해하고자 하면 내가 그 수염을 잡고 그것을 쳐죽였나이다"

사무엘상 17:34~35

처음부터 다윗은 타고난 용사였을까요? 하나님께서 다윗에게 주신 달란트가 돌팔매질이라 아장아장 걷는 아기 때부터 아무 데나 돌을 던지면 옆에 있던 형들의 이마에 돌멩이가 박

혀 기절하곤 했을까요? 아마도 그렇지는 않았을 것입니다. 양
떼를 지키다가 처음 맹수를 마주했을 때는 기겁하여 도망쳤을
가능성이 높습니다. 바위 뒤에 숨어 바지에 오줌을 지리고 눈
물을 훔치며 포식을 마친 맹수가 떠나가기를 벌벌 떨며 기다
렸을지도 모릅니다. 그러다가 어느 순간 결심하게 되지 않았을
까요?

"하나님, 이제부터 제게 맡겨 주신 양 떼를 더 이상 맹수에
게 내어주지 않겠습니다!"

그 뒤로 다윗은 사뭇 달라진 눈빛으로 훈련을 게을리 하지
않았을 것입니다. 외로운 광야에서 하루에도 수백, 수천 번씩
돌팔매를 던지며 계속된 자신과의 싸움을 이어간 소년을 상
상해 보세요. 이러한 노력이 쌓여 나중에는 자신이 원하는 곳
에 정확히 돌멩이를 꽂을 수 있는 실력을 갖추게 되었을 것입
니다.

"엇, 그렇다면 다윗이 자신의 실력으로 골리앗을 때려잡은
건가요? 그럼 하나님의 도우심이 굳이 필요 없었겠네요!"

다윗의 신체조건과 광야의 훈련에 관한 이야기를 전해주면
돌아오는 반응입니다. 물론 다윗이 훈련된 용사이기보다는 철

부지 꼬맹이일 때 은혜가 더 크게 느껴질 수 있습니다. 그러나 우리가 다윗과 골리앗의 싸움에서 주목해봐야 할 부분은 따로 있습니다. 광야에서 훈련되어 맹수를 상대했던 다윗이라 할지라도 전장에서 잔뼈가 굵은 완전무장한 적장과 일대일로 겨룬다는 것은 결코 쉬운 일이 아니었습니다. 마치 지역 학교들을 접수한 고등학교 일진이 이종격투기 세계 챔피언 앞에 선 상황이라고 보면 어울리는 표현이 될까요? 실제로 당시 싸움에 나온 골리앗은 놋 투구로 무장하였으며 몸에 두른 갑옷만 57kg에 달하고 그의 창 자루도 대단히 크고 두꺼웠습니다. 뿐만 아니라 따로 방패를 들어주는 보조 병사도 있었습니다. 이쯤 되면 완전무장한 골리앗에게 다윗이 상대했던 야생의 맹수는 손쉬운 사냥감일 수도 있었습니다. 회심의 일격이 살짝 비껴가거나 놋 투구에 막히기라도 한다면 다윗은 그 자리에서 찢겨 죽을 운명이었습니다.

다행히 민족의 운명을 지고 나아가는 다윗에게는 아군의 든든한 지원이 있었습니다. 다윗을 골리앗의 상대로 내보내기로 결정한 사울 왕이 내어준 갑옷과 칼은 당대 최고의 무기였으며, 그가 건네준 놋 투구는 당시 장군들에게만 허락된 장비였습니다. 즉, 사울 왕은 전쟁터에 나가는 다윗에게 이스라엘 최고의 스펙을 허락했습니다. 하지만 다윗은 세상의 스펙이 아닌, 자신이 광야에서 하나님을 의지하며 갈고닦은 돌멩이를 들고 나섭니다. 그러면서도 이 세기의 대결에서 다윗은 자신의 실력을 의지하지 않습니다. 오히려 전쟁은 하나님께 속해 있음을 그 자리에 모인 두 민족 앞에 선포하고 오직 하나님의 이름으로 나아갑니다.

"오늘 여호와께서 너를 내 손에 넘기시리니 내가 너를 쳐서 네 목을 베고 블레셋 군대의 시체를 오늘 공중의 새와 땅의 들짐승에게 주어 온 땅으로 이스라엘에 하나님이 계신 줄 알게 하겠고 또 여호와의 구원하심이 칼과 창에 있지 아니함을 이 무리에게 알게 하리라 전쟁은 여호와께 속한 것인즉 그가 너희를 우리 손에 넘기시리라" 사무엘상 17:46~47

당시 전투에서 대표 장수가 일대일 싸움을 벌여 전쟁의 승패를 가른 것은 승자의 신이 전쟁을 주관한다는 믿음이 있었기 때문입니다. 골리앗이 40일 동안 이스라엘의 하나님을 조롱하며 욕보였을 때 사울 왕과 온 이스라엘이 침묵하며 그 앞에서 벌벌 떨고 있었던 것은 단순히 한 명의 장수에 대한 두려움이 아니었습니다. 이스라엘 군대의 하나님에 대한 불신앙의 모습이었습니다. 그들에게는 눈에 보이지 않는 하나님 보다 눈앞에 보이는 골리앗이 더 두려웠던 것입니다. 그러나 전쟁이 하나님께 속해 있음을 믿었던 다윗에게는 골리앗의 실력이나 크기는 고려 대상이 아니었습니다. 자신의 자리에서 최선을 다해 준비했던 다윗은 결전의 날에 모든 결과를 하나님께 내어 맡긴 것입니다. 광야에서 목숨을 걸고 맹수와 싸울 때 마다 무서운 맹수 보다 더 위대한 하나님을 수도 없이 경험했기 때문입니다. 그렇게 하나님이 없는 것처럼 두려워 떨던 이들과 달리 하나님 없이는 살 수 없었던 다윗의 용기와 믿음은 위기에 처한 민족을 구했습니다. 결국 다윗의 스펙은 하나님이었던 것입니다.

지금 우리의 손에 쥐어진 돌멩이는 무엇인지 점검해볼까요? 아무런 준비와 노력 없이 그저 기도만으로 남들보다 나은 성과를 기대하고 있지는 않나요? 세상이 쌓아 올린 스펙 쌓기 경쟁에서 뒤처질까 두려워 전전긍긍하며 그저 기계처럼 달려가고 있나요? 그럴수록 우리는 하나님께서 내게 주신 달란트를 발견하고 비전을 품어야 합니다. 광야의 시간, 젊음의 때에 남들이 80%, 90%를 준비할 때 더욱 열심을 내어 100%를 준비해야 합니다. 그리고 결전의 날에 그 결과를 100% 하나님께 내어 맡기면 됩니다. 하나님은 준비된 믿음의 사람을 들어 쓰시기 때문입니다.

"싸울 날을 위하여 마병을 예비하거니와 이김은 여호와께 있느니라" 잠언 21:31

미래일기 ❶ 훈남 셰프의 하루

203X년 어느 날, 젊은 훈남 셰프 김상인은 한숨이 늘어만 간다. 요리 전문학교를 졸업하고 차근차근 경력을 쌓으며 모은 돈으로 식당을 차린 지 6개월이 흘렀다. 신장개업 이벤트로 사람들을 모으고 자신 있는 요리 실력을 발휘하면 6개월 이면 단골도 생겨 탄탄대로를 걷게 될 것이라고 자신했었다. 하지만

현실은 기대와 전혀 달랐다. 점심 피크 타임에도 한산한 식당의 빈자리에는 먼지만 쌓여 가고 있었다. 게다가 30년 전통의 손맛을 자랑하던 앞 집 식당도 엊그제 문을 닫았고 '임대문의'란 글자만 쓸쓸히 새 주인을 기다리고 있는 실정이었다.

김상인 셰프가 식당 문을 열고 물끄러미 밖을 바라보는데 대여섯 명의 학생들이 저 멀리서 헐레벌떡 달려오는 게 보인다. 기대에 부풀어 손님 맞을 마음의 준비를 하는 찰나, 학생들은 깔깔대며 김상인 셰프를 지나쳐 간다. 허탈하게 뒷모습을 바라보는데 학생들은 골목 귀퉁이에 새로 오픈한 식당 앞으로 달려간다. 한산한 다른 가게들과 달리 북새통을 이룬 식당 앞에는 대기 줄이 길게 늘어서 있다. 좁은 골목에 어울리지 않는 대문짝만한 투명 디지털 사이니지옥외 광고, Digital Signage의 홍보 문구와 현란한 홀로그램 영상이 기다리는 이들의 군침을 삼키게 한다.

'미슐랭Michelin 3스타에 빛나는 버나드 첸, 우리 골목에 상륙!! 전 세계를 매료시킨 손맛을 느껴보세요~ 최신형 Chef bot Model7에 본사에서 인증받은 AI를 장착하여 이 시대 최고 마

스터 셰프의 작은 손버릇까지 그대로 구현해냈습니다. 이제 세계적인 맛을 우리 골목에서 누릴 수 있습니다!'

처음 로봇 셰프가 세상에 등장했을 때는 사람들이 거부감을 느껴서 그런지 크게 걱정할 정도는 아니었다. 완벽한 레시피와 AI의 정밀함으로 음식의 맛은 곧잘 흉내 냈지만 어색하게 웃음을 지어 보이는 로봇 셰프의 얼굴이 무언가 모를 이질감으로 다가왔기 때문이다. 그러나 1가구 1로봇 시대를 넘어 1인 1로봇 시대에 진입하게 되면서 로봇에 대한 친밀도가 급상승했다. 한층 정교해진 AI와 할리우드 특수 분장팀과 협업해서 만들어 낸 '특급 스타 페이스 모델링X – 셰프 프로젝트'로 이제 누가 사람이고 누가 로봇인지 구분하기 힘들 정도가 되어 버렸다. 인간과 로봇 사이에 정서적 저항감을 만드는 불쾌한 골짜기Uncanny Valley는 이제 완전히 극복됐다. 미슐랭 3스타의 셰프가 운영하는 프랜차이즈 레스토랑은 동네 상권뿐만 아니라 여행객들의 발걸음도 이끌었고, 셰프 로봇과 기념 홀로그램을 찍으려는 이들로 북적이게 되었다. 김상인 셰프는 고민에 빠졌다. 친구 따라 등록한 요리 전문학교의 전문 과정을 마치고 현장 경험도 십 수 년을 쌓은 후 호기롭게 시작한 개업이었으나 현실의 벽은 높았다. 동기들 중에는 자신의 이름을 내걸고 프랜차이즈에 성공한 이들도 없지 않았지만, 대부분은 자신과 같은 고민에 빠져 있었다. 그는 스스로 동기들과 비교할 때 경쟁력 있다고 생각했었지만, 지금 그가 경쟁해야 할 대상은 프랜차이즈를 확장하고 있는 세계 정상급 셰프들과 그들의 복제 로봇이다. 김상인 셰프는 얼마 전 요리 전문학교 동기들이 요식업계를 떠나며 추천해 준 「향후 10년을 이끌어갈 유망직종 나노 학위 리스트」를 꺼내보았다. 다행히 새로운 분야를 배우고 시도할 수 있는 기회는 'MOOC온라인 공개 수업, Massive Open Online Course'가 활성화된 덕분에 활짝 열려있었다. 리스트를 바라보던 그의 눈빛이 반짝인다. 이제는 결단해야 할 시간이다.

미래일기1은 상상력에 과장을 좀 보탠 글이지만 충분히 일어날 수 있는 미래의 모습입니다. 실제 영국 옥스퍼드 대학 칼 베네딕트 프레이Carl Benedikt Frey와 마이클 오스본Michael Osborne 교수가 2013년 700여 개의 직업을 분석하여 발표한 보고서를 살펴보면 미국의 700여 개의 직업 중 47%의 일자리가 컴퓨터를 비롯한 정보통신기술의 발달로 향후 20년 안에 사라질 것으로 분석됐습니다. 그중 요리사가 사라질 확률은 96%입니다. 회계사, 우체부, 모델, 제빵사, 미용사, 자동차 엔지니어 등 현재 안정적인 직업군에 속하는 직업들이 사라질 확률이 높은 '고위험군'에 이름을 올렸습니다. 그러나 새로운 기술의 탄생으로 생겨난 직업군들도 셀 수 없이 많은데, 그 중 20년 전에는 직업이 될 거라고 아무도 상상하지 못했던 '드론 조종사'의 경우 전문적인 실력과 자격을 갖추면 상당한 수준의 연봉이 보장되는 것으로 알려졌고, 수많은 영역에서 새로운 일자리를 창출할 것으로 기대되고 있습니다. 각 직업의 운명의 날이 언제일지는 정확히 예측할 수는 없지만 특정 직업들은 언젠가는 역사의 뒤안길로 사라질 것입니다. 그리고 새로운 직업이 그 자리를 대신할 것입니다.

미래 직업의 이동

"내리실 분 안 계시면 오라이~!"

1990년대 중반 〈영자의 전성시대〉라는 코미디 프로그램에서 '버스 안내양' 역할의 이영자씨가 히트시킨 유행어 입니다. 지금 젊은이들에겐 이 유행어는 물론 버스 안내양이라는 직업 자체도 생소하겠지만 그리 멀지 않은 과거에 버스 안내양은 한때 고등학교를 갓 졸업한 젊은 여성들에게 인기 직종이었습니다.

1961년 6월 17일에 교통부 장관이 여차장 제를 도입하면서 시작된 '버스 안내양'이라는 직업은 20여 년간 지속되다가 1984년부터 하차 안내방송이 시작되고 하차벨이 개설되면서 급속도로 사라지게 되었습니다. 운명의 날은 1989년 12월 30일로, 자동차운수사업법 제33조의 6항에 "대통령령이 정하는 여객자동차운송사업자는 교통부령이 정하는 바에 따라 안내원을 승무하게 하여야 한다."는 법조문이 삭제되면서 버스안내양이라는 직업은 대한민국에서 완전히 사라지게 되었습니다. 비슷한 이유로 사라진 직업들 중 타이피스트, 전화 교환원 등도 한때 인기 직종이었습니다.

'4차 산업혁명'이라는 단어를 처음으로 제안한 세계경제포럼은 2016년 발간한 「일자리의 미래The Future of Job」라는 보고서를 통해 기술의 진보로 인해 점차 인간의 역할을 기계가 대체하게 될 것으로 내다봤다. 앞으로 일자리와 직업에서 많은 변화가 일어날 것이라고 분석하며 당시 7세 이하의 어린이들 중 65%는 현재 존재하지 않는 새로운 직업을 갖게 될 것이라고 예측했다. 세계가 주목하는 미래학자 토마스 프레이Thomas Frey는 인류가 여태껏 겪은 변화보다 다가올 20년간 더 많은 변화를 겪게 될 것이라고 전망했다. 그는 2030년이 되면 일자리 20억 개가 사라진다고 예측하였고, 대부분의 사람들은 일생 동안 평균적으로 6번의 직업 이동직장 이동이 아니다이 필요하다고 말했다. 이러한 일자리의 지각변동을 가져다줄 4차 산업혁명의 기술혁신의 중심에는 인공지능AI이 있다.

문명사회에서 무엇이든 그 효용 가치가 떨어지면 도태되는 것은 당연한 이치입니다. 이는 직업 환경에서도 마찬가지입니다. 인간은 동물, 기계, 시스템, 컴퓨터 등의 상대와 계속해서 경쟁해왔습니다. 비교 우위를 점할 수 없는 영역에서는 직업을 내어주면서 새로운 영역에서의 직업을 만들어가며 버텨왔습니다. 문제는 다음 상대로 지목된 인공지능이 결코 만만한 상대가 아니라는 것입니다. 안내방송 시스템과 하차벨의 발전이 버스 안내양과의 작별을 고했다면, 인공지능의 발전은 전방위적으로 우리의 직업 환경에 영향을 미치게 될 것이 분명합니다.

구글 엔지니어링 이사이자 세계적인 미래학자인 레이 커즈와일Raymond Kurzweil은 그의 저서 『특이점이 온다』에서 2045년이 되면 특이점에 이를 것이라고 주장했습니다. 그가 말하는 특이점은 모든 영역에서 인공지능이 인간의 두뇌를 뛰어넘는 순간을 말합니다. 『사피엔스』, 『호모 데우스』 등 베스트셀러 작가이자 히브리대학의 교수인 유발 하라리Yuval Noah Harari는 인공지능이 결국 인류를 넘어서는 일이 적어도 30~40년 안에는 가능할 것이라고 말했습니다. 그는 인공지능이 지금 현존하는 거의 모든 직업에서 인간을 밀어내게 될 것이며, 새로운 직업이 생기겠지만 이 직업조차도 인공지능이 더 잘하게 될 것이라고 말했습니다.

직업과 영역

앞으로 펼쳐질 불확실성의 미래는 준비되지 않은 이들에게는 두려움과 공포, 위기의 시간이 될 것입니다. 그러나 위기는 언제나 기회를 동반하고, 준비된 자는 항상 위기의 시기에 기회를 잡는 법입니다. 훈련된 자들에게는 세상을 이끌 기회가 되는 것이죠. 게다가 우리 그리스도인들은 인공지능이 아니라 그 할아비가 온다 해도 두려워할 필요는 없습니다. 우리의 아버지 되시는 하나님, 온 우주를 만드신 분이 세상보다 크신 분이기 때문입니다.

"이것을 너희에게 이르는 것은 너희로 내 안에서 평안을 누리게 하려 함이라 세상에서는 너희가 환난을 당하나 담대하라 내가 세상을 이기었노라" 요한복음 16:33

그러나 잊지는 맙시다. 하나님은 준비된 자를 쓰십니다. 그렇다면 예측하기 힘든 급변하는 사회 속에서 우리는 어떻게 미래를 준비해야 할까요? 평생직업의 개념이 사라지고, 현재

까지의 패러다임으로는 든든한 직장처럼 보였던 수많은 일자리가 사라질 위험에 놓인다는 미래에 과연 우리는 어떤 일들을 할 수 있을까요? 미래를 준비할 때 잊지 말아야 할 것은 먼저 '확실성'과 '불확실성'을 구분할 수 있는 능력을 갖추는 것입니다. 확실성은 세월이 흘러도 변하지 않을 부분이고, 불확실성은 10년 후, 20년 후에도 지속될지 여부를 현 단계에서는 알 수 없는 부분입니다. 일자리의 측면에서 보자면 쉽게 말해 불확실성에 속하는 것은 '직업'이고, 확실성에 속하는 것은 '영역'입니다.

조금 쉽게 설명해 보겠습니다. 20세기 초, 마차를 끄는 일을 집안 대대로 가업으로 물려받은 한 '마부'의 이야기입니다. 마부의 할아버지도 아버지도 평생 직업으로 마부를 택했고, 나름의 자부심도 있었습니다. 큰 돈벌이가 되는 것은 아니었지만 가족을 먹여 살리는 데는 모자람도 없었습니다. 마부는 얼마 전 태어난 아들을 보면서 이렇게 속삭였습니다.

'아들아~ 건강하게 자라서 너도 커서 아버지처럼 마부가 되렴~'

하지만 얼마 전부터 도심에 나타난 바퀴 달린 깡통 기계가 자꾸 거슬립니다. 신기하게도 깡통 기계는 까만 액체를 넣어주면 끌어주는 말도 없는데 스스로 달립니다. 이름도 희한해서 스스로 움직인다는 의미의 '자동차'라고 합니다. 궁금해진 마부는 손님을 태울 때마다 물어봅니다.

"손님~ 혹시 저 자동차라고 불리는 물건 타보신 적 있어요?"

"아뇨~ 궁금해서 한 번 알아보긴 했는데, 생각보다 비싸더라고요."

"자동차요? 에이~ 저건 돈 많은 괴짜 부자들이나 취미로 타보는 거지요."

'그럼 그렇지… 말 없는 이동 수단이 나타났다고 괜히 걱정했네.'

그러나 마부가 안도하는 사이 기술은 빠르게 발전했습니다. 자동차는 공장에서 대량 생산 되었고, 다양한 업종과 협업을 통해 대중화 되었습니다. 마부의 기대와는 다르게 자동차가 거리의 마차를 대체하기까지 그리 오랜 시간이 걸리지 않았고 한번 시작된 변화의 물결은 마부가 감당 할 수 없을 만큼 강력했습니다.

19세기 중반 영국에서는 증기 자동차의 등장에 긴장한 마부 협회가 의회에 청원하여 법안을 통과시켰다. '붉은 깃발 법Red Flag Act'이라고 불리는 이 법에는 한 대의 자동차에 세 사람의 운전수운전수, 기관원, 기수가 필요하고, 기수는 낮에는 붉은 깃발, 밤에는 붉은 등을 가지고 55m 앞을 마차로 달리면서 자동차를 선도해야 한다. 자동차의 최고 속도에도 제한을 두었는데 교외에서는 시속 6.4km, 도심에서는 시속 3.2km로 운행해야 한다는 조항이 있었다. 당시 시판된 자동차들이 이미 시속 30km 이상의 속력을 낼 수 있었는데도 말이다! 마부들의 권리를 보호하기 위해 시행된 이 법안은 무려 30년이나 유지되었으며, 이 기간 동안 증기기관의 종주국이자 최초로 자동차를 상용화했던 영국은 자동차 산업에서 독일, 프랑스, 미국에 주도권을 빼앗기게 된다.

'직업'이라는 측면에서 보면, 과거의 패러다임으로 마부는 안정적인 직업으로 보일 수 있었으나 불확실성의 자리였습니다. 자동차의 출현으로 마부라는 직업은 더 이상 필요 없어졌고 관광지에서나 볼 수 있는 특수직이 되어버렸습니다. 하지만 '영역'의 측면으로 살펴보자면 얘기는 달라집니다. 마부가 주로 담당했던 부분은 인간의 이동입니다. 사람들의 출퇴근이나 여가 활동 따위의 필요에 따라 좀 더 빠르고 편하게 이동하는 데 그 역할이 있었습니다. 이 영역은 자동차의 출현에도 사라지지 않았습니다. 즉 새로운 기술 출현으로 인한 직업의 양상은 바뀌었지만 인간의 필요는 바뀌지 않았기에 그 영역에서의 새로운 직업이 생겨나게 되었습니다. 바로 자동차 운전기사입니다. 뿐만 아니라 자동차 엔지니어, 디자이너, 판매원, 정비사, 보험사 직원까지 생각한다면 오히려 전에 없던 여러 직업이 생겨났습니다. 이러한 변화의 시기에 수많은 마부 중에 그냥 자신이 할 줄 아는 게 말을 모는 것밖에 없어서, 혹은 주변 사람들의 권유로 별생각 없이 마부의 직업을 택한 사람들도 있었을 것입니다. 또 어떤 이들은 마차를 몰면서 여기저기 여행자의 마음으로 세상을 누비며 가이드 하는 일을 즐겼을 것입니다. 전자는 자동차의 출현으로 인해 마부라는 직업이 사라져 갈 때 미처 준비되지 못해 실직자가 될 가능성이 높지만, 후자는 새로운 기술과 변화를 보면서 적응하여 마차를 모는 마부에서 자동차를 모는 행복한 드라이버로 직업을 전환할 수 있는 가능성이 높습니다.

비전 체크 리스트

이렇게 변화의 시기에 우리는 미래의 직업을 생각하며 명사보다는 동사로 생각하는 법을 길러야 합니다.

'교사가 되고 싶어요.' 보다는 '가르치는 사람이 되고 싶어요.'

'의사가 되고 싶어요.' 보다는 '아픈 사람을 고치고 도와주는 사람이 되고 싶어요.'

이렇게 명사보다는 동사로 생각해 보면 미래의 직업에 대해 새로운 길이 보입니다. 교사가 아니라도 가르칠 수 있는 일은 많고, 의사가 아니라도 아픈 사람을 도울 수 있는 일은 많습니다. 명사형으로 생각하는 특정한 직업은 급변하는 세상 속에 사라지거나 급격히 줄어들 수 있지만, 동사형으로 생각하는 영역에서의 활동은 새로운 형태로 살아남아 우리에게 날개를 달아줄 수 있습니다.

　이렇게 하나의 '직업'이 아닌, 나의 마음이 향하는 '영역'을 정했다면 그 다음은 나의 마음이 향하는 영역에서 벌어지고 있는 변화들, 새로운 기술들에 귀 기울여 봐야 합니다. 당장 서점으로 달려가 나의 가슴을 뛰게 하는 영역의 전문가들이 말하는 미래상을 둘러보는 건 어떨까요? 미래에 변할 가능성이 있는 불확실성의 영역과 미래에도 변치 않을 확실성의 영역은 무엇인지 알아보는 것입니다. 미래는 하루아침에 짠! 하고 나타나지 않습니다. 내 마음이 향하는 영역을 정하고 그곳에서의 다양한 변화와 기술의 발전을 위해 공부하다 보면 10년 후 내 인생에 큰 변화를 가져올 기술들이 지금 막 소개되고 있다는 것을 발견할 수 있을 것입니다. 책과 강연 등을 통해 전문가의 조언을 들으며 작지만 의미 있는 힌트를 얻을 수 있을 것입니다. 내가 활동하고 싶은 분야의 미래가 어떻게 펼쳐질지에 대한 작은 통찰만 있어도 오늘 내딛는 나의 발걸음은 상당히 의미가 있습니다.

　자 이제 마지막으로 그리스도인으로서 미래를 준비할 수 있는 나만의 무기, 즉 하나님께서 허락하신 나의 비전은 어떻게 찾을 수 있을까요? 먼저 관심 영역 속 자신이 하고 싶은 일을 동사로 생각해 보고 네 가지를 체크해 보겠습니다. (이 체크 리스트는 비전을 찾는 '조건'을 체크하는 것이 아니라 비전을 품고 나아갈 때 '점검해봐야 할' 체크 리스트입니다.)

비전 체크 리스트

1. 내 가슴을 뛰게 하는 일인가? (사명/열정)

- 내 안에서 우러나오는 기쁨으로 지속 가능한 일인지가 중요합니다.
- 보상(월급 등)을 고려하기 전에도 충분히 나에게 의미 있는 일인지 점검해봅니다.

2. 내가 잘 할 수 있는 일인가? (은사/강점)

- 하나님이 주신 달란트인지 점검합니다.
- 성취도에 있어서 꼭 남들과 비교할 필요는 없습니다.
- 나의 강점으로 분류할 수 있는지가 중요합니다.

3. 세상이 필요로 하는 일인가? (의미)

- 내가 잘 하는 일이라도 이웃에, 세상에 해악을 끼친다면 곤란합니다.
- 이웃사랑을 실천함에 있어 걸림이 되지 않는 일인지를 돌아봅니다.

4. 하나님이 기뻐하실 만한 일인가? (소명/비전)

- 꼭 목회나 선교를 해야 하나님이 기뻐하시는 것은 아닙니다.
- 그러나 세상의 기준에는 맞더라도 하나님의 기준에 합당한지 추가로 점검해야 합니다.

이 리스트를 어떻게 활용해야 하는지 조금 더 구체적으로 예를 들어 보겠습니다. '교육의 영역'에서 '가르치는 사람이 되고 싶다'는 생각을 품은 학생이라면 이 체크 리스트를 이렇게 활용하시면 좋습니다.

가장 먼저 사명과 열정을 체크하는 첫 번째 항목의 '내 가슴을 뛰게 하는 일인가?'입니다. 교사라는 직업은 현재까지는 보수도 안정적이고 노후도 준비할 수 있기에 인기 있는 직업군입니다. 그래서 주변의 권유와 기대에 따라 별생각 없이 이 길을 가려 하는지, 아니면 누군가에게 지식을 전달하고 지혜를 일깨우는 일이 가치 있게 여겨지고 의미를 발견할 수 있는지, 스스로 동기를 점검 해 봐야 합니다.

두 번째는 은사와 강점을 체크하는 항목으로 '내가 잘 할 수 있는 일인가?'입니다. 첫 번째 항목에서 동기를 점검했다면 가르침에 은사가 있는지를 점검해봅니다. 인터넷 강의 일타강사처럼 다수를 휘어잡으며 명쾌한 가르침을 전하기에 적합할 수도 있고, 일대일 가르침에 소질이 있을 수도 있습니다. 여러분이 알고 있는 지식과 노하우, 인사이트를 친구들한테 전달할 때 신나게 이야기하며 분위기를 주도하는지, 여러분이 입을 열 때 친구들이 궁금해 하며 집중해서 듣는지 등이 여러분의 자질을 가늠할 수 있는 기준이 될 수 있습니다. 과거에는 다수가 모르는 지식을 소수의 지식인이 전달해 주는 교육이 통했다면, 미래에는 누구나 접할 수 있는 지식의 나열로는 의미를 발견하지 못할 것입니다. 창의적인 나만의 스토리로 흡입력 있게 전달하는 것이 가르침의 영역에서 필수 요소가 될 것입니다.

세 번째는 의미를 체크할 수 있는 항목으로 '세상이 필요로 하는 일인가?'입니다. 우리는 정보 과잉의 시대를 살아가고 있습니다. 지식의 홍수라고 할 수 있겠지요. 그렇다면 지식을 전달하는 가르침은 더 이상 필요가 없을까요? 아닙니다. 오히려 지식의 홍수 속에서 정말 필요하고 유익한 지식을 가려내어 바른 교육으로 다음 세대를 이끌어줄 교육자가 절실히 필요해지

는 시대가 될 것입니다. 그리고 과학기술의 발전으로 인간성 상실의 시대가 된다면, 바른 인성교육이 더욱 요청되는 시대가 될 것입니다. 이러한 시대에 나는 무엇을 가르칠 수 있을까? 고민해 본다면, 세상의 필요를 채워갈 수 있습니다.

마지막으로는 소명과 비전을 체크하는 항목인 '하나님이 기뻐하실 만한 일인가?'입니다. 하나님이 기뻐하시는 일은 교회 내에서 이뤄지는 선교, 구제, 봉사만이 아닙니다. 세상에서 인간답게 살아가는 것 또한 하나님은 기뻐하십니다. 세상을 창조하신 하나님은 일도, 여가도 만드셨습니다. 하나님을 믿는 많은 사람들이 각자의 전문 영역에서 이뤄놓은 성취가 이 세상을 더욱 풍요롭게 만들었고, 이러한 세상을 하나님은 기뻐하십니다.

그러나 하나님의 성품에 반대되는 모습은 피해야 할 것입니다. 자본주의 논리로 소수의 이익을 위해 다수의 권리를 침해한다든지, 분쟁을 조장하는 일 등은 하나님이 결코 기뻐하지 않으실 것입니다.

크리에이터

미래를 이끌고 나갈 인재들에게 가장 필요한 역량은 무엇일까요? 전문가마다 여러 의견들을 내놓는데, 그중 '창의력'은 빼놓을 수 없는 요소입니다. 인간이 가지고 있는 창의성은 변화의 속도가 엄청난 미래 사회에서도 여전히 중요할 것이기 때문입니다. 단순하고 기계적인 반복 업무는 이미 많은 영역에서 자동화되어가고 있습니다. 편의점이나 패스트푸드점은 고등학생들이나 대학생들이 아르바이트할 때 가장 대표적인 곳이었습니다. 그런데 요즘에는 24시간 무인편의점, 키오스크Kiosk:무인단말기 매장이 보편화되며 기본적인 아르바이트 자리도 기술이 대체하고 있습니다. 마찬가지로 복잡한 업무들도 인공지능과 기술이 발전하면서 결국 인간을 대체하게 될 것입니다.

다가올 미래 **AI 닥터 왓슨의 활약**

2012년 9월, 전설적인 벤처투자자 비노드 코슬라Vinod Khosla
는 『와이어드Wired』지 편집주간 토마스 고츠Thomas Goetz와의
기조연설 인터뷰에서 지금의 헬스 케어는 마술Witchcraft과 같다

며 기술이 80%의 의사를 대체할 것이라 말했다. 이 발언은 의료계를 술렁이게 했고, 투자자의 허풍 혹은 과장으로 여기는 분위기도 형성되었다.

2021년 3월, 인천 가천대학교 길병원은 국내 최초로 도입한 인공지능 의료시스템, '왓슨 포 온콜로지Watson for Oncology'를 암 치료에 적극 활용하고 있다고 밝혔다. '왓슨Watson'이라는 이름의 슈퍼컴퓨터는 IBM 창립자의 이름에서 따온 것인데, 방대한 양의 데이터를 분석해서 의사들이 암 환자를 치료할 때 치료법을 선택하는데 도움을 주는 인공지능 솔루션이다. 최근에는 왓슨을 기반으로 유방암 치료의 최적화된 치료법을 찾는 의미 있는 연구결과를 발표하기도 했다. 길병원이 도입한 왓슨 포 온콜로지와 길병원 암다학제팀의 항암화학요법 일치율은 93%에 달하는 것으로 확인됐다.

이러한 자동화는 대규모 실업사태를 일으켜 사회적 문제가 될 수 있으면서 동시에 생산성을 극대화하여 근로시간의 축소와 여가 시간의 확대 등으로 삶의 질을 높이는 데 기여할 수 있습니다. 기술 발전으로 인해 산업현장에서 노동의 분배가 이루어지고, 노동의 자리에서 밀려난 사람들에게 부의 분배가 이뤄진다면 대부분의 사람들이 지금보다 훨씬 더 여유롭고 윤택한 삶을 누릴 수 있을 것입니다. 그러나 기술을 선점한 소수의 사람들이 부를 독점하려 한다면 사회적 문제는 계급갈등으로 번져갈 것입니다. 이렇게 돈과 권력과 성공을 최우선 가치로 여기는 세상 속에서 하나님이 명령하신 '이웃사랑'의 가치와 '인간의 존엄성'을 우선하는 그리스도인에게는 분명한 사명이 주어질 것입니다.

그렇다면 우리는 이렇게 급변하는 세상 가운데 어떻게 창의적인 인재가 되어 미래 사회에 선한 영향을 끼치는 그리스도인이 될 수 있을까요? 창의적 인재라고 하면 무언가 막연한 느낌이 들 것입니다. 우리가 일상에서 마주하는 단어를 토대로 단순히 생각해 봅시다. '창의적'이라는 단어는 'creative'인데, '창조하다'라는 뜻의 'create'에서 나온 단어입니다. 창세기 1장 1절에 하나님이 세상을 창조하실 때 사용된 단어가 바로 'create'입니다.

"In the beginning God created the heavens and the earth." Genesis 1:1

창조라는 단어의 사전적 의미는, '전에 없던 것을 처음으로 만들다'입니다. 우주를 창조하신 하나님께서 인간을 지으실 때 허락하신 은사 중 하나가 바로 창의성입니다. 그래서 인간처럼 창의적인 동물은 존재하지 않습니다. 어쩌면 이렇게 새로운 것을 만들어낼 수 있는 능력이 앞으로 우리가 경쟁해야 할 인공지능과 인간의 차별점이 될 것입니다. 미래의 인공지능은 빅데이터Big Data나 알고리즘Algorithm 분석으로 복잡한 일들까지 수행할 수 있게 되겠지만, 하나님께서 인간에게 부여하신 창의성만큼은 따라갈 수 없을 것입니다. 흉내 내기는 잘 하겠지만 말이죠. 그래서 미래 세대에게 필수적으로 필요한 능력이 바로 창의력입니다.

2018년에 조사된 초등학생 장래 희망 순위에서 '과학자'를 밀어내고 10위권에 첫 진입한 '유튜버'는 운동선수, 교사, 의사와 더불어 초등학생이 가장 관심 있어 하는 직업군으로 꾸준히 이름을 올리고 있습니다. 유튜버는 '유튜브 크리에이터Youtube Creator'를 지칭하는 단어입니다. 즉, 유튜브에 이전에 없던 영상을 창작하여 올리는 사람입니다. 물론 자신이 만들지 않은 영상이나 음원을 짜깁기해서 올리는 경우도 있지만, 이럴 경우 저작권법에 걸려서 광고 수익 등의 금전적인 이윤이 생기더라도 영상을 제작해 올리는 사람이 아닌 창작자에게 돌아가도록 환경이 조성되어 있습니다. 개인의 창작물이 존중되는 사회인 것이죠.

창의성을 어떻게 발휘할 수 있을지를 고민할 때, 나 자신을 유튜버로 가정하고 어떤 콘텐츠를 만들 수 있을지를 고민해 보면 조금 더 쉽게 이해할 수 있습니다. 생각만 해도 가슴이 뛰고, 여러 채널을 만들어서 이것저것 도전해 볼 마음에 들뜬다면 창의성이 넘치는 분일 것입니다. 그러나 어떤 영상을 기획하고 제작하고 올릴지 전혀 엄두가 나지 않고 머리가 백지상태가 된다면 창의력을 키우는 데 힘을 써야 할 것입니다.

창의력은 공부 잘하는 친구들에게 주어지는 훈장 같은 것이 아닙니다. 오히려 암기 위주의 학업에 강점을 보이는 분들보다 운동장에서 뛰어노는 것을 좋아하는 분들, 문화를 누리며 트렌

드를 읽을 줄 아는 분들이 창의력이 더 뛰어날 가능성이 높습니다. 우리가 살아가면서 필요한 지식들은 원하기만 하면 손안의 스마트폰에서 1분 안에 접할 수 있는 시대입니다. 기술이 발전하여 스마트 글라스나 스마트 렌즈를 통해서 본다면 훨씬 더 접근이 편해질 것입니다. 다시 말하면 우리가 책상에 앉아서 암기하는 지식이 여러분이 살아갈 사회에서는 큰 경쟁력이 될 수 없다는 말입니다. 오히려 머릿속에 암기된 지식보다, 스마트폰으로 접한 지식들을 활용해서 새로운 무언가를 만들어 낸다면 그게 경쟁력이 되겠지요.

창의력과 함께 주목받고 있는 미래 세대 인재의 필수 덕목은 '융합력Fusional Amplitude'입니다. 쉽게 이야기하면 컬래버레이션Collaboration을 잘하는 능력이라고 할 수 있습니다. 예를 들어 신세대 래퍼와 판소리 명창이 한 무대에서 멋지게 어우러지는 모습을 훌륭한 컬래버레이션 무대라고 표현할 수 있을 것입니다. 기존에 있던 랩과 판소리를 잘 어울리도록 기획할 수 있는 능력, 즉 컬래버레이션을 잘하는 능력이 바로 융합력입니다. 이러한 능력은 단순히 책상 앞에서 방대한 분량의 지식을 암기한다고 키워지지 않습니다. 오히려 사람들을 만나고, 문화를 누리고, 여가 시간에 휴식을 취하면서 창의력과 융합력의 인사이트를 얻게 되는 경우가 많습니다.

"오! 그럼 공부 때려치우고 신나게 놀고 게임을 즐기면 되겠네요!"

꼭 이런 생각 하는 분들이 있을 것입니다. 글쎄요, 여러분의 장래희망이 프로 게이머나 게임 개발자가 된다면 적극 지지하겠지만, 그게 아니라면 적절한 균형이 필요할 것입니다. 여기서 말해주고 싶은 것은, 내게 주어진 여가 시간을 나의 창의성을 키워주는 시간으로 채워보자는 것입니다. 우리가 흔히 사용하는 '레크리에이션'이란 단어가 바로 'Re-creation' 즉 '재창조하다', '새롭게 하다'라는 뜻을 포함하고 있습니다. 여러분의 여가 시간을 창의력을 키우는 데 활용해보시기 바랍니다.

분명 다가올 미래는 누군가에게는 위기가 될 것입니다. 그러나 잊지 말아야 할 것은 위기는 늘 기회를 동반한다는 사실입니다. 한여름의 바닷가를 상상해보세요. 저 멀리서 거센 파도가 몰려옵니다. 아무런 준비가 되어있지 못한 사람은 갑작스런 파도에 고통스럽게 휩쓸리며 물속으로 가라앉습니다. 하지만 준비된 사람들은 기다렸다는 듯 멋지게 파도타기를 즐깁니다. 더 큰 파도가 오기를 기대하면서 말이죠.

오래된 미래 대 전환을 가져온 산업혁명

18세기 중엽 영국에서 시작된 기술 혁신은 사회, 경제 구조를 완전히 바꾸어 놓았다. 이전까지는 농사를 짓던 농경 사회였는데 증기 기관이 발명되며 공장이 세워졌고 철도를 타고 기차가 달리기 시작한 것이다. 그래서 공장에서 빠르고 값싸게 상품을 만들고 기차로 쉽고 빠르게 상품을 운반할 수 있게 되었다. 이렇게 산업 혁명이 일어나게 되자 가족들이 모여 제품을 만들던 가내 수공업에서 공장에서 대규모로 상품을 생산하는 시대가 되었다. 그러자 농업 중심의 사회는 공업 중심의 사회가 되었으며 돈을 투자해 공장을 만들고 노동자를 고용해 이윤을 얻는 자본가가 등장하고 중소 상공업자 중심의 중산층의 힘이 커지게 되는 등 중세 사회는 근대 사회로 대 전환을 이루게 되었다. 하지만 공장에서 노동을 해야 하는 노동자들은 하루에 12시간에서 14시간씩 일해야 했고, 온갖 공해와 소음이 가득한 공장에서는 남성에 비해 상대적으로 임금이 낮은 여성이나 아이들도 열악한 환경에서 노동을 해야 했다. 이렇게 영국에서 시작된 산업 혁명은 19세기에는 벨기에와 프랑스와 독일로 퍼져나갔다. 그리고 남북 전쟁을 끝낸 미국으로까지 확산 되더니 일본과 러시아에까지 퍼져 나가며 전 세계가 산업 혁명의 영향을 받게 되었다.

아름다운 동행

하나님과 함께
특별하게 살아가기

은밀한 유혹

"형님, 그 얘기 들으셨습니까? 요셉 저 녀석 드디어 혼쭐나겠던데요? 감히 겁도 없이 보디발 장군님의 사모님을 겁탈하려 하다니!"

"어허 이보게, 보디발 장군님이 세우신 가정총무님께 저 녀석이라니!"

"에이 형님두 참, 우리끼린데 뭐 어떻습니까? 그리고 나이도 새파랗게 젊은 게 아무리 일을 잘 한다고는 하지만 저런 초고속 승진은 문제가 있지요. 찬물도 위아래가 있는 법 아닙니까?"

"허허, 자네 또 그 소린가?"

"보디발 장군님도 참 너무 하십니다. 나이로 보나 경력으로 보나 형님을 총무로 세워야 하는 거 아닙니까? 20년 동안 성심껏 섬기신 형님을 제쳐두고 저 근본도 모를 히브리 노예 놈을 그저 일 잘 한다는 이유로 우리의 감독관을 삼다니요!"

"쉿! 말조심하게, 요셉 총무님이 총명하고 바른 사람이란 건 자네도 잘 알고 있잖나. 어린 나이에 노예로 팔려 와서 절망할 법도 한데 늘 긍정적이고 바른 모습을 보면서 나도 위안과 격려를 많이 받았어. 가정총무가 된 후로도 다른 꼰대들처럼 이래라 저래라 하지 않고 오히려 더 솔선수범을 보이며 섬기시지 않던가? 난 그 삶의 자세에 감명 받아 히브리인들이 섬기는 여호와 하나님에 대해서도 알고 싶어지던걸?"

 "쳇, 그럼 뭐 합니까? 결국 저 사단이 났는걸요. 곱상하게 생겨서 착하고 성실한 줄만 알았더니 보십쇼, 감히 보디발 장군님의 사모님을 욕보이게 하려고 했다니요!"

 "흠, 자네 정말 요셉 총무님이 보디발 장군님의 사모님을 욕보이려 했다고 생각하나?"

 "네? 아 그야 당연히… 빼박 증거도 있잖습니까? 사모님의 침실에 옷도 흘려두고…"

 "전에 자네가 나한테 먼저 귀띔해 줬던 걸로 아는데…"

 "뭘 말씀이십니까?"

 "보디발 장군님의 사모님이 요셉 총무님께 마음이 있어 보인다는…"

"앗, 그⋯ 그게⋯"

"실제로 사모님이 요셉 총무님을 노골적으로 유혹하는 것도 봤다며?"

"⋯⋯"

"그때 총무님이 응하시던가?"

"아⋯ 니요, 완강히 거절했⋯ 었죠."

"그 이후엔 요셉 총무님이 보디발 사모님을 의식적으로 피하는 거 같다며 이해가 안 간다고 말했던 것 같은데? 나 같으면 절세 미녀 사모님이 유혹하면 감사하다고 냉큼⋯"

"쉿!! 아이고 형님~ 제가 무슨 생각으로 그런 망언을⋯ 흐흐 잊어주십쇼."

"그랬던 요셉 총무님이 과연 대낮에 사모님을 침실에서 겁탈하려 했다?"

"흠⋯ 그러고 보니 앞뒤가 안 맞네요⋯"

"실은 사모님이 소리치실 때 내가 가장 먼저 달려갔거든."

"아, 형님 저보다 먼저 알고 계셨군요?"

"그런데, 현장에 달려갔을 때 내가 본 사모님의 눈빛은⋯"

"눈빛은?"

"누군가에게 강제로 겁탈 당할 뻔한 여성의 두려움과 원망에 찬 눈빛이 아니었어."

"그럼요?"

"마치 무언가 취하려다 놓친 사람의, 허탈하면서 수치스러우면서 그로 인해 분노가 일어난 듯한 느낌?"

"그… 말씀은 오히려 실제 상황은 반대였을 수도 있다는 말씀이십니까?"

"뭐, 조심스런 추측이긴 하지만, 평소 소유욕 강하신 사모님이 젊고 잘생긴 요셉 총무님을 품고 싶어 안달 나 있었다는 것과 요셉 총무님의 평소 행실을 보면 답이 나오지 않나?"

"헐… 그러고 보니 그렇군요. 사모님이 은밀하게 방으로 불러 유혹하려는데 요셉 총무님이 이를 거절했고, 그를 붙잡으려는 사모님의 손길을 뿌리치며 옷가지를 버려두고 도망쳤다, 이 그림이라면 충분히 수긍이 가는데요? 와 이거 대박 사건이네요! 보디발 장군님께 알려야 하는 거 아닙니까?"

"쓸데없는 소리! 괜히 입 놀렸다가 목이 달아나는 수가 있어!"

"그래도 잘못하면 억울한 죽임을 당하게 생겼는데요…"

"할 수 없지, 어차피 우리 같은 사람들의 운명이야 주인의 손에 달려 있는 거 아닌가. 요셉 총무님이 그동안 섬겨왔던 여호와 하나님이 어떻게 하실지 지켜볼 수밖에… 다행히 보디발 장군님도 사모님의 말씀을 곧이듣지는 않으시는 것 같아. 겁탈을 하려던 것이 사실이라면 그 자리에서 참형을 해도 속이 시원치 않을 일인데, 자초지종을 들으시고는 요셉 총무님을 감옥에 넣기로 결정하셨다더군."

"휴, 그래도 피를 보지 않아 다행이네요."

"요셉이 그의 주인에게 은혜를 입어 섬기매 그가 요셉을 가정 총무로 삼고 자기의 소유를 다 그의 손에 위탁하니 그가 요셉에게 자기의 집과 그의 모든 소유물을 주관하게 한 때부터 여호와께서 요셉을 위하여 그 애굽 사람의 집에 복을 내리시므로 여호와의 복이 그의 집과 밭에 있는 모든 소유에 미친지라 주인이 그의 소유를 다 요셉의 손에 위탁하고 자기가 먹는 음식 외에는 간섭하지 아니하였더라 요셉은 용모가 빼어나고 아름다웠더라 그 후에 그의 주인의 아내가 요셉에게 눈짓하다가 동침하기를 청하니" 창세기 39:4~7

"여인이 날마다 요셉에게 청하였으나 요셉이 듣지 아니하여 동침하지 아니할 뿐더러 함께 있지도 아니하니라" 창세기 39:10

성경은 보디발의 아내가 여러 번 반복적으로 요셉을 유혹했다고 기록하고 있습니다. 그러나 요셉은 그녀의 유혹을 모두 뿌리칩니다. 요셉이 신분도 다르고 인종도 다른 자존심 강한 보디발의 아내의 유혹을 뿌리친다는 것은 그녀의 눈 밖에 나는 행동이었습니다. 이것은 요셉 스스로 가정 총무 자리를 포기하는 것과 다름없는 행동이었을 것입니다. 그만큼 요셉이 보디발의 아내의 유혹을 뿌리친다는 것은 쉽게 결단 할 수 있는 일이 아니었습니다. 이런 분위기에서 보디발의 아내는 철저히 계획하고 요셉을 아무도 없는 빈 집으로 불러 유혹한 것입니다. 만약 요셉이 은밀한 유혹을 거절했던 이유가 훗날 보디발에게 들킬 것이 두렵기 때문이었다면, 보디발의 아내가 이렇게 밀어붙일 때, 계산상 못 이기는 척 응했어야 맞습니다. 들킬 만한 상황도 아니었고, 이후 상황을 둘러댈 충분한 계산도 있었을 것입니다. 요셉은 보디발 장군 다음가는 위치인 가정총무의 자리에 있었기에 자신을 정부情夫로 두려는 보디발의 아내와 결탁하여 완전범죄를 유지하며 은밀한 유희를 즐기는 것이 현명한 선택일 수도 있었습니다. 무엇보다 당시 주인의 소유물에 불과했던 노예 신분으로서 여주인의 간청을 뿌리치며 거절하는 것은 죽음을 각오해야 하는 일이었습니다. 그러나 거부하기 힘든 끈질긴 유혹 앞에 요셉의 고백은 뜻밖의 관점을 보여줍니다.

"이 집에는 나보다 큰 이가 없으며 주인이 아무것도 내게 금하지 아니하였어도 금한 것은 당신뿐이니 당신은 그의 아내임이라 그런즉 내가 어찌 이 큰 악을 행하여 하나님께 죄를 지으리이까" 창세기 39:9

아름다운 동행

보디발이란 이름의 뜻은 이집트^{애굽}의 태양신 '라^{Ra}가 보내주신 자'입니다. 매우 종교적인 의미를 가지고 있는 이름이지요. 아마도 요셉은 보디발의 집에서 노예 생활을 하면서 이집트의 종교 행위에 지속적으로 노출이 되었으리라 추측해볼 수

있습니다. 그러나 요셉은 어릴 적 아버지 야곱에게서 전해들은 여호와 하나님에 대한 신앙을 버리지 않습니다. 그동안 쌓은 신뢰를 바탕으로 가정총무에 올랐을 때 찾아온 위기, 주인 보디발의 아내가 유혹하려는 순간 그가 보인 항변은 그가 보디발의 시선이나 사람이 정해놓은 법을 두려워한 것이 아니라 하나님의 시선을 두려워했다는 것을 분명하게 보여줍니다.

'꿈쟁이'라는 별명을 가지고 있는 요셉은 실은 원대한 비전을 품고 열심을 내어 자신의 소명을 감당한 위인이 아닙니다. 오히려 어릴 적 꾼 꿈으로 인해 인생이 꼬일 대로 꼬인 인물입니다. 놀라운 사실은 그가 17세의 소년일 때 노예로 팔려간 후 30세에 이집트의 총리가 되기까지 13년이란 기간 동안 억울하게 노예의 신분으로, 죄수의 신분으로 살아야 했음에도 불구하고 그의 시선은 늘 하나님께 머물러 있었다는 것입니다.

> "여호와께서 요셉과 함께 하시므로 그가 형통한 자가 되어 그의 주인 애굽 사람의 집에 있으니 그의 주인이 여호와께서 그와 함께 하심을 보며 또 여호와께서 그의 범사에 형통하게 하심을 보았더라" 창세기 39:2~3

하나님과 동행하며 성실하게 노예 생활을 하다가 마주한 2차 고난, 그것도 본인의 과실이 아니라 하나님 앞에서 은밀한 유혹을 떨쳐버리고 이겨낸 대가가 감옥행이었습니다. 일반적인 관점으로는 감옥에 가서 자포자기自暴自棄하는 심정으로 하나님을 원망하고 인생을 저주하는 것이 더 어울립니다. 그러나 요셉은 믿음의 시선을 거두지 않고 신실하신 하나님을 바라봅니다. 오히려 그는 감옥에 들어가는 그날, 감사기도를 드렸을 것입니다.

"주님, 보디발 장군의 마음을 만져 주셔서 즉각 참형을 당하지 않도록 보호해 주시니 감사합니다."

이렇게 요셉은 감옥에 가서도 하나님과의 동행을 멈추지 않습니다.

"간수장은 그의 손에 맡긴 것을 무엇이든지 살펴보지 아니하였으니 이는 여호와께서 요셉과 함께 하심이라 여호와께서 그를 범사에 형통하게 하셨더라" 창세기 39:23

요셉은 이후 이집트왕 파라오바로의 꿈을 해몽하여 그의 신임을 얻어 이집트의 총리가 되어서도 변치 않는 모습으로 하나님과 동행합니다. 이렇게 하나님과 동행한 요셉은 7년의 풍년 뒤에 7년의 흉년이 닥칠 것을 알게 되고 흉년을 철저히 준비합니다. 그리고 7년의 흉년이 온 세상을 덮었을 때, 흉년을 대비하지 못한 수많은 주변 국가에서 곡식을 얻으러 이집트로 몰려옵니다. 바로 이때, 자신을 노예로 팔아넘긴 형들도 곡식을 얻기 위해 자신 앞에 무릎을 꿇게 됩니다. 얼마나 멋진 복수의 순간이 온 것입니까! 하지만 요셉은 이런 만남의 순간에서도 형들에게 분노를 표출하거나 복수를 하려 하지 않습니다. 오히려 두려워하는 형들을 향해 모든 일이 하나님의 주권 하에 있었음을 인정하며 자신을 노예로 팔아넘긴 형들을 용서합니다. 요셉은 입으로만 하나님과 동행한 것이 아니었습니다.

"요셉이 형들에게 이르되 내게로 가까이 오소서 그들이 가까이 가니 이르되 나는 당신들의 아우 요셉이니 당신들이 애굽에 판 자라 당신들이 나를 이 곳에 팔았다고 해서 근심하지 마소서 한탄하지 마소서 하나님이 생명을 구원하시려고 나를 당신들보다 먼저 보내셨나이다" 창세기 45:4~5

요셉의 삶을 관통하는 신앙은 '하나님 앞에서', 즉 '코람데오 Coram Deo'의 신앙입니다. 그는 어떤 상황에서도 하나님이 자신의 주권자이시고 함께하신다는 것을 알았습니다. 요셉은 형통할 때뿐만 아니라 때로 하나님의 부재가 느껴질 법한 원망스러운 상황 속에서도 하나님의 시선 앞에 머무는 것을 놓치지 않았습니다. 그래서 하나님과 평생을 동행했던 그의 별명은 '꿈쟁이Dreamer'가 아니라 '동행자Companion'가 더 어울립니다.

"내가 주의 영을 떠나 어디로 가며 주의 앞에서 어디로 피하리이까 내가 하늘에 올라갈지라도 거기 계시며 스올에 내 자리를 펼지라도 거기 계시니이다 내가 새벽 날개를 치며 바다 끝에 가서 거주할지라도 거기서도 주의 손이 나를 인도하시며 주의 오른손이 나를 붙드시리이다" 시편 139:7~10

스포일러 금지

"가브리엘 천사님, 이번엔 좀 가혹하지 않습니까? 요셉이 그

동안 이렇게 억울한 환경에 처하고도 하나님을 향한 신의로 버텨왔는데 감옥행이라니요? 그리고 보디발의 아내가 지금 이집트 땅에서도 미모로는 둘째가라면 서러울 정도의 매혹적인 여인인데, 그녀의 끈질긴 유혹을 하나님 앞에서 떨쳐버린 대가가 결국 감옥행이라니 이게 말이 됩니까?"

"그러게, 요셉의 모습은 천사인 우리도 감복할 정도지. 귀감이 될 만해."

"하지만 이번엔 버티기 힘들 것 같습니다. 수년간의 노예 생활을 버티며 하나님을 섬긴 대가가 철창신세라면 그 누가 그 믿음을 지킬 수 있겠습니까? 몇 년 후에 그를 이집트의 총리로 세우시며 소년 때의 꿈을 현실화시킬 주님의 원대한 계획을 살짝 귀띔해 주면 안 될까요? 감옥에서 버틸 힘을 가질 수 있도록 말입니다."

"어허! 큰일 날 소리! 이번 건에 대해 주님께서 '스포일러 절대 금지'를 명하셨네. 주님께서 기뻐하시는 모습은 고난 가운데에서도 흔들리지 않고 여호와 하나님의 주권을 인정하는 자녀들의 순전한 믿음에 있다는 것을 모르는가? 잘 짜여진 각본을 미리 알고 기다리면서 버텨내는 것은 오히려 주님을 향한 인간들의 순전한 믿음에 걸림돌이 될 뿐이야."

"그렇긴 하지만, 이게 하루 이틀도 아니고 너무 가혹하잖습니까?"

"걱정 마. 요셉은 잘 이겨낼 거야. 그리고 모진 시간을 이겨내고 주님을 붙들수록 그의 하늘 상급은 더욱 빛날 테지."

좋아하는 스포츠 경기의 생방송을 놓치면 스마트폰을 들여다보기가 겁이 납니다. 여기저기 뉴스나 SNS를 통해 결과를 스포일러 당할 것 같아서입니다. 아무리 박진감 넘치는 경기라 하더라도 결과를 알고 보는 스포츠 재방송은 보는 맛이 영 떨어집니다. 맘 졸이지 않고 편히 볼 수 있다는 이점은 있지만, 스포츠는 결과를 알 수 없기에 손에 땀을 쥐는 맛으로 보는 거 아닐까요? 영화도 마찬가지입니다. 반전이 가미된 스릴러 영화는 감독과 배우가 영민하게 뒤틀어 버린 반전에 허를 찔리면서도 무릎을 탁 치고 보는 맛이 일품이죠. 그러나 스릴러 영화의 결정적인 반전을 스포일러 당한 채 본다면 어떤 재미가 있을까요? 미리 정보를 흘린다는 의미의 스포일러, 누군가는 과잉 친절로 결과를 알려주려 하지만, 결과를 알게 됐을 때의 이점보다 잃는 것이 많기에 이름 자체가 그렇게 지어진 듯합니다.

우리 인생에 있어서 고난은 피하고 싶은 관문이기에 때론 스포일러를 원하게 됩니다.

"하나님, 이 고난은 언제 지나가나요?"

"주님, 이 일의 결과만 알려주신다면 맘 편히 따르겠습니다."

그러나 하나님께서는 우리에게 구체적인 스포일러를 허락하지 않으십니다. 눈앞에 펼쳐질 일들을 구체적으로 알게 되면 순간순간 하나님을 의지하며 한 걸음씩 내디뎌야 할 믿음의 여정이 빛이 바래버리기 때문일 것입니다. 그래서일까요? 우리 인생의 지침서로 내어주신 성경 말씀은 스스로를 저 멀리까지 볼 수 있는 '후레쉬Flash'가 아니라 바로 우리 눈앞의 어두움을 물러나게 하는 '등불'로 표현하고 있습니다.

"주의 말씀은 내 발에 등이요 내 길에 빛이니이다" 시편 119:105

하지만 그럼에도 성경은 결국 우리가 승리한다고 증언하고 있습니다. 그리고 그 영원한 승리자인 예수 그리스도를 따르는 이들에게는 그 궁극적인 승리가 믿지 않는 사람들과의 구별점이 됩니다.

"이것을 너희에게 이르는 것은 너희로 내 안에서 평안을 누리게 하려 함이라 세상에서는 너희가 환난을 당하나 담대하라 내가 세상을 이기었노라" 요한복음 16:33

결국 우리 그리스도인들에게 필요한 자세는 구체적인 미래를 알지 못하더라도 지금의 상황에 만족하는 것입니다. 그리고 이미 승리의 길을 걷게 하신 하나님 아버지의 손길에 감사하며 소망을 품고 날마다 하나님과 동행하는 것입니다. 주목할 만한 사실은 요셉이 억울하게 노예로 팔려가서 보디발 장군 아래에서 배웠던 일들이, 훗날 이집트의 총리가 되었을 때 나라의 정사政事를 보는 데 결정적 도움을 주었다는 것입니다. 때로는 우리 인생에서도 실패처럼 느껴지는 고난의 시간들은 어쩌면 순금같이 연단하여 귀하게 쓰시려는 하나님의 특별한 훈련일 수도 있습니다.

"그러나 내가 가는 길을 그가 아시나니 그가 나를 단련하신 후에는 내가 순금 같이 되어 나오리라" 욥기 23:10

미래일기 ❷ VR 성지순례

202X년 한가로운 어느 날, 은퇴한 권사님들의 구역 모임에서 지난달 다녀온 이스라엘 성지순례에 대한 이야기꽃이 한창이다.

"이번에 성지순례 다녀오고 나서부터는 성경 읽는 게 훨씬 생생하게 다가오면서 더 은혜가 되는 거 같아요."

"호호, 맞아요, 이렇게 좋은 줄 알았다면 진작 다녀올 걸 그랬어요."

"저는 겟세마네 감람나무 정원이 인상적이었어요. 이곳 어딘가에서 예수님이 2천 년 전에 고뇌 속에서 인류를 위한 대속의 각오로 기도를 하셨다는 게 현실감 있게 다가오더라고요."

"저도 겟세마네 기념 바위에서 손을 대고 기도할 때 울컥했지 뭐예요. 예수님의 숨결이 느껴지는 것 같아서 묘한 전율이 느껴지는 것 같았어요."

"전 십자가의 길 '비아 돌로로사'를 거닐었던 게 가장 기억에 남아요. 특히 교회 지하에 보존된 실제 십자가의 길을 걸을 때 눈물이 나더라고요."

그런데 대화를 옆에서 듣고 있던 중학생 손주 진규가 끼어든다.

"할머니! 저 거기서 로마 병정들이 쉬어가며 놀았다던 게임판도 봤어요!"

"응? 진규 네가 그걸 어떻게 아니? 아직 해외여행 한 번도 안 가봤으면서."

"헤헷~ 지난번 울 교회 전도사님이 알려주신 앱을 깔면요, VR로 이스라엘 성지순례 다 둘러볼 수 있어요. 엄청 고화질이라 눈앞에 생생하게 펼쳐지는걸요?"

"정말? 그럼 또 어디 어디 가봤는데?"

"그래, 어디가 인상적이었니?"

"전 다 좋았는데, 네게브에 위치한 팀나 국립공원에 복원된 성막에서 지성소에 들어갔을 때, 음… 뭐랄까 평소 주일 예배 시간에 흐트러졌던 저의 모습을 돌아보게 된 것 같아요."

"어머! 네가 직접 성지순례 다녀온 우리보다 낫구나."

"진규야, 그런데 그 VR 가상체험이란 거 어지럽지 않니? 괜찮아?"

"에이, 할머니두~ 요즘엔 실제보다 더 리얼한걸요? 세계 명소 체험방에 가면 향기도 나고 촉감 같은 것도 느낄 수 있어요."

"정말? 그런 게 가능해?"

"그럼요. 지난주에 저도 우리 동네에 생긴 '월드 랜드마크 VR 체험존'에 가봤는데요, 그랜드 캐니언이 눈에 쫙 펼쳐지는데 바람 부는 소리까지 들리고 장난 아니었어요! 아 맞다, 나이아가라 폭포랑 이구아수 폭포 둘러볼 때는 물까지 튀니까 진짜 생생해요."

"어머머, 권사님 저 죽기 전에 이구아수 폭포 가보는 게 버킷리스트잖아요!"

"저는 그랜드 캐니언 가보는 게 다음 목표인데요!"

"근데 벌써 손주는 다 다녀왔네!"

"그러게 말이에요. 이거 손주가 부러운데요?"

"진규야, 또 기억에 남는 장소 있니?"

"음, 프랑스 파리 에펠탑 밑에서는 축구를 해도 남을 만큼 큰 광장이 있구요, 이집트 카이로 근교 기자에 있는 카프레 왕피라미드는 진짜 올려다보기가 목이 아플 만큼 커요. 그 앞에 있는 스핑크스도 엄청 커서 우리 집 아파트 7~8층 정도 높이가 되는 거 같았어요. 아, 그리고 모아이 석상이라고 아시죠? 남태평양의 이스터 섬 체험할 때는요, 모아이 석상을 직접 만져봤는데 화산암으로 만들어져서 그런지 까끌까끌한 느낌이 전해졌어요. 제주도 돌하르방 만지는 느낌으로요. 헤헷~ 큰 거는 엄청 커서 거의 스핑크스만 한 것도 있어요."

"우와! 진짜 다녀온 것처럼 생생한가 보다."

"그럼, 우리 다음 모임은 그 체험방인가? 하는 곳에서 진행해볼까요?"

"호호호. 그래요, 우리 손주 가이드 받아야겠네."

가상현실이 만든 새로운 경험

이제 막 꽃을 피운 VR^{Virtual Reality}, 가상현실은 전문가들에 의하면 십 수 년 안에 현실과 구별하기 힘들 정도의 정교함으로 가상세계가 펼쳐질 것이라고 합니다. VR 산업은 초기 투자

비용이 크게 발생하는 산업이라 투자자들 사이에서 과연 VR 시장이 꽃을 피울 수 있을지, '3D' 기술처럼 유행처럼 잠깐 피었다가 저버릴 기술일지 반신반의半信半疑 했습니다. 그런데 놀랍게도 전문가들은 '포르노 산업'이 있는 한 VR 산업은 망하지 않을 것이라 자신했습니다. 미국 벤처캐피털 리서치 회사인 루프벤처스에 따르면 2025년 'VR 포르노' 시장은 14억 달러약 1조 6000억 원 규모로 성장할 전망입니다.

실제 오늘날의 포르노 산업은 첨단을 달리고 있습니다. 홀로그램, VR의 최첨단 기술과 인공지능에 섹스봇까지 더하여 다각도로 발전되는 포르노 산업을 바라보며 인간 사이의 사랑의 종말까지 예견하는 전문가들도 있습니다. 영국 선더랜드 대학 성 심리학과 헬렌 드리스콜Helen Driscoll 박사는 『미러』와의 인터뷰에서 "50년 후에는 로봇과의 섹스가 널리 사회적으로 받아들여지게 될 것"이라며 "인간과의 섹스보다 더 인기가 있을지도 모른다."라고 말했습니다. 섹스봇에 가상현실이 지원되면 남녀의 육체적 사랑은 완전히 대체될 가능성도 있습니다. 독일의 시사주간지 『포쿠스』는 '섹스의 미래'라는 기사를 통해 "사람들은 점점 가상의 애인과 즐기는 성관계, 즉 사이버 섹스에 빠져들 것"이라고 전망했습니다.

컴퓨터로 만들어 놓은 가상의 세계에서 사람이 실제와 같은 체험을 할 수 있도록 하는 기술을 가상현실VR, Virtual Reality이라 하고, 현실 세계에 가상정보를 더해 보여주는 기술을 증강현실AR, Augmented Reality이라 한다. 이 두 가지 기술을 혼합한 기술을 혼합현실MR, Mixed Reality이라고 한다.

- VR : 헤드마운트 디스플레이HMD를 통해 360도 입체로 가상공간을 제공한다.

- AR : 현실 공간에 가상의 물체를 합성하는 3D 기술이다. VR과 달리 현실 공간과 가상의 물체를 동시에 볼 수 있다.

- MR : 가상공간에 현실 물체를 합성하는 기술. 카메라를 통해 현실 공간의 물체 위치와 가상공간의 물체 위치와 가상공간의 물체 위치를 맵핑하고 렌더링 해 현실 물체를 가상공간에서 보면서 실제 물체를 만질 수

있다.

VR, AR, MR은 모두 실제로 존재하지 않는 현실을 구현해 사람이 이를 인지할 수 있도록 하는 기술이라는 점에서 공통점이 있다. 다만 AR은 실제 현실에 가상의 정보를 더해 보여 주는 방식이고, VR은 모두 허구의 상황이 제시된다는 점에서 차이가 있다. MR은 현실에 가상의 디지털 콘텐츠를 출력해 덧씌우는 것을 뜻하는데, 얼핏 들으면 AR이 아니냐는 생각도 들지만 차이가 있다면 AR의 경우 현실은 배경으로만 이용되고 콘텐츠가 그 위에 보이는 형태지만, MR에서는 가상 콘텐츠가 현실의 책상 위로 올라가거나 실제 벽에 부딪치는 일도 있을 수 있다.

최근에는 AR, VR, MR을 모두 포함하는 포괄적인 개념으로 확장현실XR, eXtended Reality이라는 용어를 사용하기도 합니다. 이들 시장의 빠른 성장이 예상되는 만큼 많은 글로벌 업체들이 관심을 갖고 적극적으로 투자를 하고 있는 상황입니다. 시장조사업체 IDC인터내셔널 데이터 코퍼레이션에 따르면 전 세계 VR과 AR 기기 출하량은 2020년 470만 대에서 2025년에는

5,290만 대 규모로 성장할 것으로 예측됐습니다.

현재 우리 삶의 중심기기(Centric Device)는 스마트폰입니다. 그 이전에는 PC였습니다. 중심기기는 기술과 환경에 따라 변화합니다. 언젠가는 스마트폰도 PC처럼 중심기기의 자리를 다른 기기에 내어줄 날이 올 것입니다. 스마트폰 이후 중심기기로 거론되는 가장 유력한 후보가 바로 XR 기기 즉 확장현실을 다루는 실감형 미디어 디바이스입니다. 2019년 전 세계적으로 5G가 상용화되면서 실감형 미디어 디바이스는 빠른 속도로 확산되고 있습니다. 기술의 발전과 함께 문화적인 경험도 새로운 차원을 맞이하게 될 것입니다.

실생활에서 마주하게 되는 기술의 발전은 이윤을 목적으로 하는 기업의 투자 방향에 결정되고, 기업의 투자는 소비자 성향 분석에 따릅니다. 소비자의 성향은 인간의 본성을 충족하는 방향, 즉 휴머니즘의 토대 아래에서 발전해 나갈 것입니다. 이는 다수의 지지를 받으며 인간 중심의 세계관을 견고히 세워갈 것입니다. 기술의 발전은 가치중립적이지만, 이것을 대하는 사용자의 자세에 따라 독이 될 수도, 약이 될 수도 있습니다. 특별히 하나님 중심의 절대적인 진리를 믿으며 성경적 세계관과 그

가치를 수호하려는 그리스도인에게는 그 어느 때보다 세상을 바라보는 지혜와 분별력이 필요한 시기입니다.

10년 후 우리는 리얼하게 구현된 가상세계에서 성경 이야기를 실감하며 은혜를 누릴 수도 있고, 사랑이 식어진 시대, 쾌락만 남은 세상에서 사이버 연인과의 문란한 성생활을 무분별하게 즐길 수도 있습니다. 삶의 패턴의 크고 작은 변화부터 가치관의 변화까지 아우를 혁명기적 변화 속에서 진리를 붙들고 중심을 놓치지 않으려면 그리스도인은 스마트 컨슈머Smart Consumer, 똑똑한 소비자를 넘어, 홀리 유저Holy User, 거룩한 사용자가 되어야 합니다.

구별된 세대

요셉이 하나님의 시선 앞에서 삶으로 지켜낸 '성결', 그리스도인들에게 중요한 가치로 여겨지는 '거룩함'은 구별되었다는 뜻입니다. 암송구절로 널리 알려진 로마서 12장 2절 말씀을 볼까요?

"너희는 이 세대를 본받지 말고 오직 마음을 새롭게 함으로 변화를 받아 하나님의 선하시고 기뻐하시고 온전하신 뜻이 무엇인지 분별하도록 하라" 로마서 12:2

친숙한 이 말씀을 보면서 어떤 느낌이 드나요? 부담감에 가슴이 턱 막혀 오나요? 대부분의 경우 별생각 없이 어느 정도는 이 말씀을 잘 지키고 있다고 느끼며 안도하기 쉽습니다. 그 이유는 '본받지 말라'라는 구절에서 '본받다'라는 표현을 적극적으로 가담하거나 주도하는 것이라고 이해하기 때문입니다. 앞에 나오는 '이 세대'는 '아이온^{αἰών}'이라는 헬라어로, 시간과 보이지 않는 세계를 아우르는 말입니다. 즉, 이 세상의 문화를 말한다고 볼 수 있습니다. 이 정도는 원어를 공부하지 않고도 직감적으로 느낄 수 있습니다. 이 세상 문화를 본받지 말라는 구절에 대부분의 그리스도인들은 이렇게 생각하기 쉽습니다.

'내가 세상 문화를 어느 정도 누리기는 했지만, 적극적으로 주도하거나, 사탄의 문화를 따르거나 한 것은 아니니까, 이 말씀은 잘 지키고 있네.'

그러나 본문에서 사용된 '본받다'에 해당하는 단어는 헬라어로 '쉬스케마티조$\sigma\upsilon\sigma\chi\eta\mu\alpha\tau\iota\zeta\omega$'라는 단어인데, 이 원어의 사전적인 의미는 환경이나 변화에 적응하여 익숙해 지거나 체계, 명령 따위에 적응하여 따른다는 뜻의 '순응하다'입니다. 원어의 뜻을 생각하며 말씀을 살펴보겠습니다.

"너희는 이 세상 문화에 적응하지 말고, 익숙해지지 마라."

여러분은 이 말씀 앞에 당당히, 잘 지키고 있다는 생각이 드나요? 이 말씀의 원뜻 앞에 찔리지 않을 그리스도인은 거의 없을 것입니다. 우리는 그리스도인으로서 이 세상에 살아가면서 때로는 세상 문화에 익숙해지고, 무뎌지면서 적응하여 살아갑니다. 그러나 이 본문 말씀은 그리스도인들에게 훨씬 높은 차원의 성결함을 요구하고 있습니다. 세상의 가치관은 시대에 따라 변합니다. 2015년 2월 26일 헌법재판소는 형법 제241조 간통죄奸通罪에 대해 "성적 자기결정권 및 사생활의 비밀과 자유를 침해한다."라고 위헌 결정을 내렸습니다. 간통죄의 의미는 불륜을 나라에서 금하는 것입니다. 얼마 전까지 대한민국에서는 남편이 아내를 버려두고 다른 여성과 사랑에 빠지거나, 아내가 남편을 버려두고 다른 남성과 사랑에 빠지는 것을 범죄로 규정하고 나라에서 철퇴를 가했었습니다. 그러나 이제는 가정을 지키기 위한 책임, 정조를 지키는 것에 대해 나라가 간섭하지 않기로 한 것입니다. 가정의 가치보다 개인의 가치가 더 앞서는 시대가 되었기 때문입니다.

앞으로 이런 현상은 더욱 심화될 것입니다. 인간의 이기심이 극대화되면 될수록 하나님과 상관없이 인간 본성에 의지하여 가치관을 정립하고, 각자의 소견에 옳은 대로 법과 문화와 역사를 만들어 갈 것입니다. 이스라엘도 하나님의 주권을 거부하고 그를 향한 시선을 저버렸을 때, 그들 각자의 소견에 옳은 대로 행하였다고 기록되어 있습니다. 이렇게 하나님 없이 살 수 있다고 자신하면 할수록 아무리 인류 문명이 찬란하게 꽃피운다 하더라도, 우리의 미래는 그 어느 때보다도 어두운 영적 암흑기가 될 수도 있습니다.

"그 때에 이스라엘에 왕이 없으므로 사람이 각기 자기의 소견에 옳은 대로 행하였더라" 사사기 21:25

프랑스의 수학자이며 철학자였던 데카르트Re né Descartes는 근대 시대를 열었던 대표적인 인물이었습니다. 고대 그리스의 철학자들은 인간의 이성은 초월적인 이데아 세계의 그림자라고 했고, 중세 유럽은 신이 인간의 이성에 빛을 비추어 준다고 했습니다. 그런데 데카르트는 인간의 이성이 세상의 중심이라고 외친 것입니다. 그래서 데카르트의 '나는 생각한다. 그러므로 나는 존재한다. Cogito, ergo sum'는 말은 새로운 세상을 열어 준 혁명적인 외침이었습니다. 하지만 데카르트의 이 외침은 우리의 삶에 가치와 절대성을 제거해 버렸습니다. 그래서 나 자신이 세상의 토대가 되어야 하고, 어떠한 것에도 기댈 수 없는 기초와 기약 없는 삶으로 만들어 버렸습니다. 그래서 인류는 '하나님 없는 나'라는 존재는 초라하고 보잘것없고 불안하고 두려움 가득한 존재일 수밖에 없다는 것을 수백 년에 걸쳐 깨닫게 된 것입니다. 그리고는 하나님이 창조한 인간은 대단한 존재일 수 있지만 하나님 없는 삶은 두려움과 불안함 밖에 없다는 것을 인정하게 되었습니다. 하지만 자본주의와 과학의 발전으로 자만한 인류는 이기심과 쾌락에 빠져 하나님 없이도 살 수 있다는 그릇된 길을 선택하고 있는 것 같습니다. 그럴수록 우리 그리스도인들은 빠르게 발전하는 세상에 두려워할 것이 아니라 오직 성경, 오직 말씀을 굳건히 붙잡아야 할 것입니다. 그래서 우리는 이 시대 속에서 좌로나 우로나 치우치지 말고 하나님의 선하시고 기뻐하시고 온전하신 뜻이 무엇인지 분별해야 합니다.

"오직 강하고 극히 담대하여 나의 종 모세가 네게 명령한 그 율법을 다 지켜 행하고 우로나 좌로나 치우치지 말라 그리하면 어디로 가든지 형통하리니 이 율법책을 네 입에서 떠나지 말게 하며 주야로 그것을 묵상하여 그 안에 기록된 대로 다 지켜 행하라 그리하면 네 길이 평탄하게 될 것이며 네가 형통하리라"

여호수아 1:7~8

커밍아웃

지금도 청년 실업난이 사회적인 문제지만, 1997년 IMF 경제 위기 이후 우리 사회의 취업난은 언제나 사회적 이슈였습니다. 학창 시절 믿음 생활을 함께한 제 친구도 대학을 졸업하고 취업전선에 뛰어들었는데, 사회에 첫발을 내디디며 녹록치 않은 상황 속에서 분투하던 때의 일입니다. 한 회사에 지원서를 접수하고 1차 서류, 2차 면접에 통과해 3차 최종 면접만 남겨 두고 있는 상황이었습니다. 면접실에는 최종 선별된 쟁쟁한 지원자들이 있었고, 면접관 중에는 회사의 사장님도 있었습니다. 긴장되는 분위기 속에서 심층 면접이 진행되었는데 워낙 서글서글한 친구의 답변에 면접관 모두 흡족해하는 눈치였답니다. 마무리만 잘하면 최종 합격이 눈에 보이는 상황이었습니다.

"자 이제 저희가 준비한 질문은 끝났습니다. 지원자분들 돌아가며 한 분씩 이 회사에 하고 싶은 말 한마디씩 해주시고 모든 면접을 마치도록 하겠습니다."

"저를 뽑아주신다면 가족처럼 일하겠습니다!"

"시키시는 일은 무엇이든, 열심히만 하는 게 아니라 잘 해내겠습니다!"

"살맛나는 세상, 다니고 싶은 회사가 되도록 작은 힘 보태겠습니다!"

미소 짓는 면접관들 앞에 지원자들의 충성 맹세가 이어졌습니다. 이제 마지막, 친구의 차례였습니다. 면접관들의 기대를 담은 눈길이 친구를 향했습니다.

"실은, 저는 그리스도인입니다."

갑작스러운 커밍아웃에 면접관들의 눈이 커졌습니다. 물어보지도 않았는데 웬 신앙 커밍아웃? 이어진 친구의 발언은 충격적이었습니다.

"그래서 저는 술과 담배를 하지 않습니다. 그런데 혹시 이회사에 술을 마시지 않으면 곤란한 음주 문화가 있다면, 저를 불합격시켜 주시는 게 좋을 것 같습니다."

이어진 친구의 고백에 분위기가 묘해졌답니다. 면접관들은 당황한 기색을 보였고, 지원자들은 누가 봐도 점수를 많이 딴 것 같던 경쟁자의 돌발행동에 속으로 쾌재를 부르는 듯했습니다.

여기까지 이야기를 듣고 저는 도저히 이해가 안 되어 친구에게 물었습니다.

"재오야, 도대체 왜 그 상황에서 커밍아웃 한 거야?"

"은식아, 너는 목사니까 직업만 얘기해도 그리스도인인 게 커밍아웃이 되잖아, 그치? 그런데 나처럼 하나님이 주신 소명이 목회가 아닌 평신도들은 스스로 오픈하지 않으면 사람들이 내가 그리스도인임을 알 수가 없어. 그런데 무리 속에서 내가 그리스도인임을 드러내지 않고 숨어 있다 보면, 나도 모르게 세상과 타협하는 일이 생길까 두렵더라고. 그래서 하나님께 약속했어. 어딜 가도 누가 먼저 묻지 않아도 그리스도인임을 당당히 밝히기로."

실제로 친구는 회사의 면접뿐만 아니라 어디를 가도 먼저 스스로가 그리스도인임을 커밍아웃하는 것이 습관이 됐답니다. 면접 결과는 어떻게 됐을까요? 솔직히 면접의 결과는 중요하지 않다고 생각합니다. 떨어졌든 합격했든 그렇게 중요한 자리에서 자신의 신앙을 당당히 드러내는 모습을 보시면서 하나님은 얼마나 흐뭇하셨을까요?

"호오~ 이것 봐라? 이 녀석은 내가 책임져야겠는걸?"

이렇게 다짐하지 않으셨을까요?

결과적으로 친구는 면접에 최종 합격했습니다. 놀라운 사실은 그 회사 사장님이 기독교인도 아니었고, 술을 좋아하는 분이라 회사에 술자리 회식 문화가 많았다는 것입니다. 아마 회사 사장님도 처음에는 불편했을 것 같습니다. 충성 맹세하는 지원자들 사이에서 떨어뜨려도 좋다며 묻지도 않은 자신의 종교를 커밍아웃하는 사람이 곱게 보일 리가 있을까요? 그런데 면접을 마무리 짓고 곰곰이 생각에 잠긴 모양입니다.

'흠… 그동안 내가 수많은 기독교인들을 만나 봤었지. 그중 엔 대형 교회 장로라는 사람도 있었고 말이야. 그래도 비즈니 스를 할 땐 다들 내 비위 맞추느라 술잔을 따르고 뭐 우리랑 똑 같이 어울렸단 말이지. 그래서 난 교회 다니는 사람도 별거 없 다고 생각해왔는데, 저 지원자는 뭔가 특별한 면이 있어! 면접 에서 보여줬던 성실하고 열정적인 자세를 보면 우리 회사에 들 어오고 싶은 마음이 없는 것은 아니던데, 흠… 간절한 자리에 서 자신의 신앙 고백이라… 그런 직원이라면 일단 정직하고 성 실한 사람이란 건 안 봐도 알겠고… 이거 고민되는데? 기분 나 쁘다고 잘라 버리면 다른 회사에 지원할 테고… 그럼 경쟁 회 사에서 성실한 사원으로? 음, 그럼 우리 회사에 손해인데… 이 거 참… 아무래도 놓치기 아깝군. 이 지원자! 매력 있어.'

이렇게 합격했다고 해서 꽃길만 펼쳐진 것은 아니었습니다. 위로 부장님, 과장님 등 상사들이 술자리마다 눈치를 줬습니다. 그러나 사장님과의 약속이 있었기에 친구는 사이다와 콜라를 마시며 특유의 친화력으로 분위기를 맞춰 줬답니다. 술자리가 길어지는 날엔 술에 취한 직원들을 택시까지 에스코트해주는 것도 친구 담당이었습니다. 나중에는 성실함과 곧은 성품, 그리고 바른 신앙을 인정받게 되어 직원들의 크고 작은 고민을 들어주는 상담자가 되었답니다.

모든 면접에서 이런 고백이 필요하다는 말은 아닙니다. 이 친구의 자세가 정답이라는 이야기도 아닙니다. '술 담배 나빠요!'라는 율법적인 메시지를 전하고자 함도 아닙니다. 그러나 적어도 그리스도인으로서 이 세상을 살아내는 우리들에게 하나님의 자녀로서 자신의 정체성을 당당하게 드러내는 것은 하나님에 대한 신뢰이자 의리입니다. 우리는 하나님의 자녀임을 자랑스러워하나요? 아니면 부끄러워하나요?

"누구든지 이 음란하고 죄 많은 세대에서 나와 내 말을 부끄러워하면 인자도 아버지의 영광으로 거룩한 천사들과 함께 올 때에 그 사람을 부끄러워하리라" 마가복음 8:38

우리는 누구나 앞선 질문에 대한 답을 스스로 선택할 수 있습니다. 그런데 내가 선택한 결과에 따른 책임 또한 스스로 감당해야 한다는 사실도 잊지 말아야 합니다. 주님께서는 우리가 부끄러워할 만한 그 어떤 일도 하신 적이 없습니다. 부탁드리고 싶은 것은 우리가 그리스도인이라면 자랑스러운 아버지를 부끄러워하는 못난 자식은 되지 않았으면 좋겠습니다.

"그러나 내게는 우리 주 예수 그리스도의 십자가 외에 결코 자랑할 것이 없으니 그리스도로 말미암아 세상이 나를 대하여 십자가에 못 박히고 내가 또한 세상을 대하여 그러하니라"

갈라디아서 6:14

부끄러움은 결국 가치판단에 의해 결정됩니다. 길을 가다가 넘어졌을 때, 주위에 아무도 보는 이가 없다면 우리는 넘어진 부위에 아픔을 느낍니다. 그런데 주위에 보는 사람이 많다면 어떨까요? 아픔보다 부끄러움이 더 커서 황급히 그 자리를 떠날 것입니다. 제 아들이 아기였을 때, 제 두 팔에 아들을 안고 길을 갈 때였습니다. 비 오는 날이었는데, 조심조심 걸었음에도 불구하고 미끄러운 웅덩이에 그만 발이 미끄러지고 말았습니다. 혼자였다면 한때 격투기를 연마했던 사람으로서 멋지게 낙법을 시도했겠지만, 그 순간 아들의 안전 때문에 낙법을 펼치는 대신 끌어안고 순하게(?) 넘어지는 걸 택했습니다. 공중에 붕 떠서 등으로 땅을 마주하는데 눈물이 핑 돌 정도로 아팠습니다. 게다가 주변에 보는 이들도 제법 많았습니다. 하지만 저는 신기하게도 아픔과 창피함은 1도 느끼지 못했습니다. 그저 아들의 안전에만 온 정신이 쏠려 있었습니다. 평소 그런 포즈로 혼자 넘어졌다면 부끄러워서 줄행랑을 쳤을 법도 한데, 그 순간 오히려 무사한 아들을 보며 안도감에 웃음이 나왔습니다.

세상 사람들이 우리가 그리스도인이라는 이유로 조롱하고 비난할 때, 우리가 하나님보다 세상을 더 가치 있게 여긴다면 부끄러움을 느낄 것입니다. 그러나 하나님을 세상보다 더 귀하게 여긴다면 우리는 오히려 자랑스러움을 느낄 것입니다.

오래된 미래   개신교 교회의 탄생, 종교개혁

종교개혁은 16~17세기 로마 가톨릭 교회의 쇄신을 요구하며 시작되어 전 유럽으로 퍼져 나갔다. 1517년 독일의 가톨릭 신부였던 마르틴 루터Martin Luther는 면죄부 판매의 부당함을 알리는 「95개조 반박문」을 발표한다. 그리고 이 반박문은 구텐베르크Johannes Gensfleisch가 발명한 인쇄술에 힘입어 유럽 전역으로 퍼져 나가게 된다. 이렇게 독일에서 시작된 종교 개혁은 스위스의 츠빙글리Ulrich Zwingli와 프랑스의 칼뱅Jean Calvin으로 이어지며 개신교회로 발전하게 된다. 중세 가톨릭 교회는 돈과 권력에 심취해 왕과 귀족들과 더불어 봉건 제도를 강화하고 가난하고 힘없는 백성들의 삶을 돌아보지 않았다. 그래서 입으로는 하나님을 말하지만 실제 삶에서는 '하나님 없는 삶'을 살았고 이에 분노한 수많은 이들이 루터가 발표한 반박문을 기점으로 이 개혁 운동에 동참하게 된 것이다.

어느 편에 설 것인가

황량한 벌판, 가나안 땅을 정복하기 위한 대장정에 나서는 여호수아의 비장한 눈에 한 낯선 사내가 들어왔습니다. 다부진 몸, 강인해 보이는 그의 손에는 날카로워 보이는 칼이 쥐어져 있습니다. 아뿔싸! 여리고 성에서 우리의 동향을 파악하고 군대를 매복시켰나? 주위를 둘러보는데 가까이에 군대가 숨을 만한 장소는 없습니다. 혈혈단신孑孑單身으로 이스라엘 군대를 막아선 사내, 도대체 정체가 뭘까요? 다가가서 목에 칼을 겨누며 여호수아가 묻습니다.

"이봐, 넌 어느 편이냐? 우리 이스라엘 편인가? 아니면 여리고 첩자인가?"

40년 동안 광야에서의 연단을 마치고 이제 약속의 땅 가나안으로 들어가는 이스라엘을 막아선 인물, 마지막 관문으로 보이는 낯선 사내는 하나님이 보내신 군대 대장이었습니다. 그런데 특이하게도 첫 정복 대상인 여리고의 편인지 아니면 이스라엘의 편인지 묻는 여호수아의 질문에 그는 단호하게 "둘 다 아니다!"라고 대답합니다.

"여호수아가 여리고에 가까이 이르렀을 때에 눈을 들어 본즉 한 사람이 칼을 빼어 손에 들고 마주 서 있는지라 여호수아가 나아가서 그에게 묻되 너는 우리를 위하느냐 우리의 적들을 위하느냐 하니 그가 이르되 아니라 나는 여호와의 군대 대장으로 지금 왔느니라 하는지라 여호수아가 얼굴을 땅에 대고 엎드려 절하고 그에게 이르되 내 주여 종에게 무슨 말씀을 하려 하시나이까 여호와의 군대 대장이 여호수아에게 이르되 네 발에서

신을 벗으라 네가 선 곳은 거룩하니라 하니 여호수아가 그대로

행하니라" 여호수아 5:13~15

자신들을 막아선 낯선 사내가 하나님의 사자라는 사실을 알
게 된 여호수아는 그 앞에 절을 하며 하나님의 뜻을 구합니다.
그러자 하나님의 사자는 여호수아에게 신을 벗을 것을 명합니
다. 당시 신을 벗는 행위는 절대적인 주권을 인정한다는 표현
이었습니다.

40년의 광야 생활을 마치고 가나안을 정복하려 출정하는 이
스라엘 군대, 그들을 이끄는 지도자 여호수아는 하나님을 향한
강한 믿음이 있었습니다. 여리고는 강한 성읍이었으나 여호와
께서 함께 하시기에 문제없었습니다. 의심의 여지없이 여러 이
방 민족 가운데 여호와는 이스라엘의 하나님, 자신들의 편이
었습니다. 그러나 마지막 관문을 통해 하나님이 여호수아에게
주신 가르침은 이와 같은 인식을 내려놓으라는 것이었습니다.
'이스라엘을 위하느냐? 적들을 위하느냐?'라는 질문 앞에 단호
하게 '아니라!'라고 대답하는 여호와의 군대 대장을 통해 하나
님께서 전하고자 하신 메시지는 무엇이었을까요? 하나님을 향

한 우리의 마음 자세를 바로 하라는 말씀이었을 것입니다.

우리는 종종 하나님을 우리 편에 두려고 합니다. 이러한 인식은 때때로 우리를 착각에 빠트립니다. 하나님을 우리의 필요를 채워 주셔야 하는 조력자로 사용하려는 것입니다. 그래서 당당하게 우리의 뜻을 하나님께 요구하고, 받아들여지지 않을 때에는 화를 내며 원망합니다. 그런데 하나님은 광야 40년의 연단 뒤에 약속의 땅으로 들어가는 이스라엘 군대를 막아서십니다. 하나님께서는 이스라엘에게 40년 연단의 마지막 메시지로 하나님과의 관계를 분명히 하려고 하셨기 때문입니다. 그것은 바로 하나님의 편에 서라는 것입니다. 하나님을 우리 편에 세우는 것이 아니라 우리가 먼저 하나님 편에 서야 한다는 메시지입니다. 하나님은 우리의 조력자가 아니고 우리의 주인이시기 때문입니다. 그래서 우리의 적이 곧 하나님의 적이 되는 것이 아니라, 하나님을 대적하는 자를 우리의 적으로 여겨야 합니다.

다가올 미래에는 분명 치열한 영적 전쟁이 펼쳐질 것입니다. 그중 가장 치열한 영역은 문화의 영역이며, 가치관 싸움이 될 것입니다. 다수결로 진리를 수정하고 인간의 욕망을 가치

기준으로 삼는 음란하고 죄 많은 세대가 우리를 세뇌시키려 물량 공세를 펼칠 때, 당당하게 우리의 신앙을 커밍아웃 할 수 있었으면 좋겠습니다.

"나는 그리스도인입니다!"

사람들이 모두 Yes라고 할 때, No라고 외칠 줄 아는 용기가 필요합니다. 결코 쉽지 않습니다. 그러나 우리의 정체성을 분명히 하고 기억합시다. 우리 삶의 절대주권은 하나님께 있습니다.

> "나의 영혼이 잠잠히 하나님만 바람이여 나의 구원이 그에게서 나오는도다 오직 그만이 나의 반석이시요 나의 구원이시요 나의 요새이시니 내가 크게 흔들리지 아니하리로다" 시편 62:1~2

오래된 미래 근본으로 돌아가자! 르네상스

르네상스는 14~16세기 서유럽에서 나타난 운동으로 예술이나 학문의 재생, 부흥이라는 의미이다. 중세를 넘어서 고대 그리스·로마 문화를 이상으로 여기며 '근본으로 돌아가자Ad Fontes'고 외쳤다. 그래서 고대 그리스·로마 문화를 부흥시켜 새로운 문화를 창조하려 했으며 이러한 운동은 사상, 문학, 미술, 건축 등 모든 분야에 걸쳐 일어났다. 이탈리아에서 시작되었다고 알려진 르네상스는 프랑스, 독일, 영국 등 서유럽 전반으로 퍼져나갔으며 정치와 과학 등 사회 전반에 걸쳐 영향을 미치며 '서양 문화의 어머니'로 불리게 된다. 한때 르네상스는 인본주의의 상징으로 여겨지며 반 기독교적인 운동이라는 평가도 있었지만 르네상스의 대표적인 3대 거장이라 불리는 레오나르도 다빈치Leonardo da Vinci는 〈최후의 만찬〉을, 미켈란젤로 Michelangelo Buonarroti는 〈천지창조〉를, 라파엘로Raffaello Sanzio는 〈감옥에서 구출되는 성 베드로〉라는 작품을 남긴 것만 봐도 르네상스의 예술가들이 하나님을 반대했다고 단정 지을 수 없다. 오히려 인간의 개성과 창의성을 외면했던 중세 철학을 넘어서 하나님이 창조한 세상과 인간에 깊은 관심을 가지며 하나님의 창조 이치와 원리를 찾아 나섰다고 볼 수 있다. 하지만 이러한 거장들과 달리 신 없는 삶도 가능하다고 여긴 대부분의 르네상스 시대의 사람들은 불편한 신의 눈치를 보지 않아도 되었기에 '세속주의'와 '향락주의'에 심취했던 것도 사실이다. 르네상스의 대표적인 작가인 보카치오Giovanni Boccaccio의 『데카메론』에는 이러한 세속주의와 향락주의가 고스란히 담겨 있다.

하늘 시민권

**이 땅에서의 마지막 날,
천국에서의 첫날**

닭 울음소리

'타닥 타닥~ 치이익~'

모닥불 앞에서 불을 쬐고 있던 베드로는 상념에 잠깁니다. 3
년간 스승으로 섬긴 예수님이 행하셨던 기적들을 떠올려봅니
다. 자칭 타칭 예수님의 수제자로서 바로 옆에서 스승을 따르
며 경험한 그의 기이한 행적들은 바로 곁에서 목격했음에도 믿
기 힘든 놀라운 일들이었습니다. 물로 포도주를 만드신 사건이
나 풍랑을 잠잠케 하신 사건 등 자연이 그 앞에 굴복하는 것을
보았고, 병든 자를 고치신 사건은 헤아릴 수도 없었습니다. 귀
신들린 자를 고치시는가 하면 죽은 자도 살려내셨습니다. 꼬맹
이가 내민 도시락으로 수천 명을 먹이고도 열두 광주리에 남은
음식을 담을 때의 전율은 아직도 생생합니다. 무엇보다 열두
제자 중에서도 베드로 자신만 경험했던 사건, 물 위를 걸어오
시는 예수님께 간청하여 풍랑 워킹을 시도했을 때를 잊을 수가
없습니다. 예수님의 말씀을 의지하여 몇 걸음 성공하는가 싶었

는데 귓불을 때리는 거센 바람에 갑자기 두려움이 밀려와 물에 빠져들게 되었습니다. 미친 듯이 소리 지르며 살려 달라 외치는 베드로에게 다가오신 예수님은 손 내밀어 그를 끌어올려 주셨습니다. 예수님은 특수 제작한 오리발을 발에 끼우고 마찰을 의지하느라 방정맞게 다가오신 게 아니었습니다. 소금쟁이처럼 신체의 특성을 이용하여 표면장력을 의지하며 휘적휘적 걸어오신 것도 아니었지요. 풍랑 이는 물 위를 저벅저벅 걸어오셔서 힘 있게 손을 내밀어 몸무게가 꽤 나가는 축에 속하는 베드로를 끌어올리셨던 것입니다. 직접 경험하면서도 믿기지 않던 그 순간 베드로는 다시 한 번 생각했습니다.

'아, 이분께 내 삶을 맡겨도 되겠구나.'

"어? 아저씨!! 저 나사렛 예수란 사람이랑 같이 다니던 사람 아니에요?"

베드로를 알아본 한 여종이 다가와서 아는 척을 합니다.

"아이다~ 내 점마 오늘 처음 본다."

순간 얼굴이 화끈 달아올랐지만 베드로는 재빠르게 발뺌합니다. 여기서 예수님의 제자라는 사실이 탄로 나면 같이 끌려가서 무슨 일을 당할지 모를 일이었습니다. 예수님은 지금 이스라엘의 종교 지도자들에게 심문을 받고 계시는 중이었습니다.

"에이~ 갈릴리 사투리 쓰는 거 보니 맞구만, 뭘~ 당신도 한 패지?"

"아니라고~ 내 느그들 뭔 소리 하는지 하나도 모르겠다."

아무렇지 않은 척했지만 떨리는 음성을 감추지 못한 채 자리를 옮기는 베드로에게 사람들이 하나 둘 몰려들었습니다.

"가만, 그러고 보니 당신… 좀 전에 저 예수 체포하러 갔을 때 동산에서 칼부림으로 내 친척 귀 자른 놈 아니요? 맞는 거 같은데?"

"어허, 아니라니까! 점마를 알면 내가 니 아들이다!"

버럭 화를 내며 반발하는 순간, 멀리서 새벽을 깨우는 닭 울음소리가 들렸습니다.

"그가 저주하며 맹세하여 이르되 나는 그 사람을 알지 못하노라 하니 곧 닭이 울더라 이에 베드로가 예수의 말씀에 닭 울기 전에 네가 세 번 나를 부인하리라 하심이 생각나서 밖에 나가

미라클 메이커

예수님이 만약 21세기에 오셨다면 어떤 일이 벌어질까요? 아마도 핵인싸 슈퍼스타가 되셨을 것입니다. 만약 SNS 계정을 만드신다면 초인플루언서가 되고도 남으실 것입니다. 물론 예수님이 틱톡 짤에 맞춰 챌린지 영상을 올리시고, 인스타에 석양이 지는 갈릴리 호수를 배경으로 얼짱각도 셀카를 올리시는 모습은 상상하기 어렵습니다만, 열혈제자 베드로라면 가능하지 않을까요? 베드로가 인스타그램, 페이스북, 틱톡, 유튜브 계정을 만들어서 활발하게 활동하는 모습을 상상해보세요. 풍랑을 잔잔케 하시는 예수님의 기적을 스마트폰으로 찍어 *#예수님 #미라클메이커 #갈릴리바다 #풍랑 #실시간노캔 #오늘도한건하심 #1일1기적* 이렇게 해시태그해서 올린다면 아마 삽시간에 수억 개의 '좋아요'가 달릴 것입니다.

실제로 2천 년 전에 이스라엘 땅을 누비셨던 예수님은 당대

슈퍼스타셨습니다. 물고기 두 마리와 보리떡 다섯 개로 5천 명을 먹이셨다는 기록은 전쟁에 나갈 수 있는 성인 남성들만 계수한 것이기 때문에, 남녀노소 다 합치면 2만 명은 되었을 것이라고 추정해볼 수 있습니다. 어디를 가든 인산인해를 이루는 무리들이 따랐다는 것이죠. 수많은 무리가 예수님의 기적 행하시는 모습에 매료되어 그와 함께했습니다. 예수님이 70인의 제자들을 따로 세우시고 그들에게 권능을 주시고 복음을 전하라고 파송하셨을 때, 제자들은 기적을 체험합니다. 예수님의 이름을 사용하여 권능을 행합니다. 그들이 돌아와 흥분하여 보고합니다. 자신들도 '미라클 메이커'가 되었음에 환호합니다. 그러나 흥분한 제자들에게 차분하게 말씀하시는 모습 속에서 우리는 예수님의 관심사는 다른 곳에 있음을 엿볼 수 있습니다.

"칠십 인이 기뻐하며 돌아와 이르되 주여 주의 이름이면 귀신들도 우리에게 항복하더이다 예수께서 이르시되 사탄이 하늘로부터 번개 같이 떨어지는 것을 내가 보았노라 내가 너희에게 뱀과 전갈을 밟으며 원수의 모든 능력을 제어할 권능을 주었으니 너희를 해칠 자가 결코 없으리라 그러나 귀신들이 너희에게

항복하는 것으로 기뻐하지 말고 너희 이름이 하늘에 기록된 것

으로 기뻐하라 하시니라" 누가복음 10:17~20

예수님을 따르던 군중과 제자들은 예수님이 행하시는 기적에 관심 있었지만, 예수님의 관심은 기적이 아니라 그들의 존재에 있었습니다. 우리가 이 땅에서 이룰 수 있는 성취나 성공이 아니라 우리가 어디에 속해 있는 존재인지가 예수님의 관심사라는 말입니다. 우리의 관심사는 어디에 있는지요? 예수 믿고 좋은 대학 갔다, 성공했다, 인생이 잘 풀렸다는 누군가의 간증을 들으며 배 아파하고 있지는 않나요? 그러면 예수 믿으면서도 여전히 인생이 힘들고, 잘 안 풀리고, 실패한 사람들은 어떻게 되는 걸까요? 그들은 하나님께 버림받은 자들일까요? 성취, 성공, 행위 즉 Doing에만 관심을 쏟는다면 우리의 시선은 세상 사람들과 다를 바가 없습니다. 세상의 줄 세우기에 혈안이 되어 스펙 경쟁에 몰두하게 되겠지요.

돈 많이 버는 한 사업가 장로님이 있었습니다. 그 장로님은 잘 되면 대박이지만 삐끗하면 쪽박을 차게 되는 큰 사업을 진행하게 되었습니다. 장로님은 40일 작정 기도를 하며 하나님께

매달립니다.

"하나님! 이번 사업만 잘되게 해주신다면, 십일조, 감사헌금, 건축헌금, 선교헌금, 구제헌금 등등 물질로 교회를 성심성의껏 섬기겠습니다!"

간구인지 협박인지 협상인지 모를 기도를 열심히 했는데 웬걸, 사업이 망해버립니다. 빚더미에 오른 장로님은 좌절과 낙심을 하고는 실망하여 하나님을 저주하며 교회를 떠나버렸습니다. 이 장로님은 과연 하나님을 제대로 믿은 그리스도인이었을까요? 아니면 이 땅에서의 복을 받기 위해 열심을 내었던, 그냥 세속적인 종교인이었을까요?

제겐 여섯 살 난 아들이 있습니다. 어찌나 사랑스레 쫑알대는지, 바라만 봐도 배가 부를 정도의 예쁜 아들입니다. 그런데요 녀석이 어디서 '삶과 죽음'에 대해 들었는지 궁금증이 폭발했습니다. 하루는 잠자리에 누웠는데 눈을 깜빡이며 질문합니다.

"아빠! 할아버지 죽고, 할머니 죽고, 아빠 죽고, 엄마 죽고, 그리고 건이 죽는 거야?"

순간 말문이 막혔습니다. 오는 데는 순서가 있지만 가는 데

는 순서가 없다는 건 우리 다 잘 아는 사실이지요. 그렇다고 여섯 살 아들에게

"아냐, 가는 데는 순서 없어, 재수 없으면 니가 제일 먼저 갈 수도 있어."

라고 대답해 줄 수는 없는 노릇이었습니다.

"음… 태어난 순서대로 간다면 그렇게 되겠지?"

얼버무리고 있는데, 제 아들의 관심은 죽음의 순서가 아니었나 봅니다.

"죽으면 다시는 못 보는 거야?"

"아니! 우리는 하나님을 믿는 가정이기 때문에, 모두 천국에서 다시 볼 수 있어."

이번엔 확신 있게 대답하는 아빠를 보며 아들의 표정이 밝아집니다.

"하나님 좋아!"

기분 좋은 목소리로 고백을 하며 잠자리에 듭니다.

어쩌면 세상 사람들의 눈에는 어린 아들의 마음을 안심시키기 위해 동화적인 얘기를 해준 아빠의 모습으로 보일지도 모릅

니다. 그러나 저는 제가 그날 밤 아들에게 전해준 이야기를 백 퍼센트 확신합니다. 저는 이 땅에서의 마지막 날이 천국에서의 첫날이 될 것임을 믿습니다. 노후 준비에 여념 없는 세상 속에서, 사후 준비가 제대로 되어 있는 존재들이 바로 그리스도인들입니다. 죽음을 두려워하는 세상 속에서, 죽음을 두려워하지 않는 존재들인 것입니다. 우리는 죽음 이후에 하늘나라에서 영원히 살아갈 하나님의 자녀들이기 때문입니다. 그리스도인의 정체성은 얼마나 성공하느냐, 즉 Doing에 있는 것이 아니라 우리가 어디에 속한 존재이냐, 즉 Being에 있습니다.

"영접하는 자 곧 그 이름을 믿는 자들에게는 하나님의 자녀가 되는 권세를 주셨으니" 요한복음 1:12

기적을 보고 예수님을 따랐던 제자들은 예수께서 겟세마네 동산에서 붙잡히실 때 뿔뿔이 흩어졌습니다. 재판장에 넘겨지고 십자가에 달리시는 과정 속에서 그를 부인하는 찌질한 모습을 보입니다. 그러나 놀랍게도 복음서 이후에 등장하는 제자들의 모습은 사뭇 달라져 있었습니다. 완전히 딴사람이 된 것처럼 말이지요.

하늘 시민권

"어이 베드로, 그리고 요한! 한 번만 더 예수에 관해 떠벌렸다간 그땐 진짜 가만 안 둘 테니 그리 알어, 마지막 경고야."

"자칭 하나님의 아들이라 하던 예수가 부활했다는 터무니없는 소문을 퍼뜨리다니, 허 참, 이거 신성모독이야! 알기나 해? 당장 돌 맞아 죽어도 시원찮을 상황이라구!"

"맞소, 이거 허위사실 유포에 의한 민간 동요 죄로 기소될 수 있으니 알아서 자숙하시오."

예루살렘의 종교 지도자들은 성난 목소리로 베드로와 요한을 질책했습니다. 예수님이 십자가에 달려 죽으셨다가 부활하신 후 승천하시고 나서 얼마 안 되어 제자들은 성령 충만을 받았습니다. 베드로의 설교에 하루아침에 3천 명이 회심하였고, 제자들을 중심으로 예수님의 부활과 십자가의 도를 받아들이고 회심하는 이들이 폭발적으로 늘어나자 종교 지도자들은 위기감을 느꼈습니다. 게다가 성전 앞에서 구걸하던 지체장애인이 베드로의 기도로 나음을 받자 더욱 많은 이들이 그들을 추종하게 될까 봐 염려한 지도자들은 사도들을 불러 협박과 위협으로 그들의 입을 막으려 했던 것입니다. 이에 베드로와 요한은 담대하게 응수합니다.

"하나님 앞에서 당신네들 말 듣는 게 하나님의 말씀 듣는 것보다 옳겠는교?"

"그들을 불러 경고하여 도무지 예수의 이름으로 말하지도 말고 가르치지도 말라 하니 베드로와 요한이 대답하여 이르되 하나님 앞에서 너희의 말을 듣는 것이 하나님의 말씀을 듣는 것보다 옳은가 판단하라 우리는 보고 들은 것을 말하지 아니할 수 없다 하니 관리들이 백성들 때문에 그들을 어떻게 처벌할지 방법을 찾지 못하고 다시 위협하여 놓아 주었으니 이는 모든 사람이 그 된 일을 보고 하나님께 영광을 돌림이라" 사도행전 4:18~21

무엇이 이들을 변화시켰을까요? 분명 여종 앞에서 예수님을 세 번이나 부인할 때 이미 베드로는 기적 체험과 제자훈련을 경험한 뒤였습니다. 그러나 지금 유대 종교 지도자들 앞의 담대한 그의 모습은 마치 다른 사람을 보는 듯합니다. 도대체 무슨 일이 있던 걸까요? 바로 '부활'의 경험입니다. 이미 여러 차례 놀라운 기적을 경험했지만 제자들은 여전히 이 땅에서의 안위에 발목이 묶여 예수님이 체포되자 뿔뿔이 흩어졌었습니다. 그러나 그들은 예수님의 부활을 목격한 뒤, 시선이 이 땅에서 저 하늘로 옮겨지자 그 어떤 위협에도 굴하지 않고 당당할 수 있게 된 것입니다. 이 당당함은 한시적이지 않고 그들이 이 땅에서의 삶을 마감하는 순간까지 유지되었습니다. 기독교 전승에 의하면 사도 요한을 제외한 나머지 열한 제자는 복음을 전하다 순교하였고, 사도 요한은 복음을 전하다가 유배된 섬에서 생을 마감하였습니다. 그리고 부활을 경험한 제자들을 통해 세계 선교가 이루어졌습니다. 그들은 예수님을 십자가에 못 박았던 이스라엘의 종교 지도자들과 로마 군대의 엄청난 탄압 속에서도 굳건한 믿음을 지켰고, 담대히 복음을 전했습니다. 죽음도 두려워하지 않았습니다. 이 땅의 기적을 체험해서가 아니라 하늘의 상급을 바라보았기 때문에 가능한 일이었습니다. 그리스도인이 세상의 믿지 않는 사람들과 구별되는 지점은 지식도 체험도 높은 도덕 수준도 아닌 바로 '부활신앙'입니다.

"하나님이 주를 다시 살리셨고 또한 그의 권능으로 우리를 다시 살리시리라" 고린도전서 6:14

"만일 그리스도 안에서 우리가 바라는 것이 다만 이 세상의 삶뿐이면 모든 사람 가운데 우리가 더욱 불쌍한 자이리라 그러나 이제 그리스도께서 죽은 자 가운데서 다시 살아나사 잠자는 자들의 첫 열매가 되셨도다" 고린도전서 15:19~20

동료 사역자들과 함께 미국을 다녀오기 위해 준비할 때입니다. 처음 일정을 계획할 때부터 함께 하기로 했던 한 목사님이 미국 비자가 거절되어 결국 동행할 수 없게 되었습니다. 아마도 중동 선교에 관심 있어 중동지역을 자주 왕래하던 목사님의 20대 시절, 미국에서 일어난 9.11 테러 사건이 터지며 미국 비자를 거절당했던 기록이 문제가 되었던 모양입니다. 요즘 같은 평화의 시대에 한국인이 미국 여행 비자를 받는 건 전혀 어려운 일이 아니지만 미국 대사관에서 미심쩍다고 허가를 안 내주면 어쩔 도리가 없습니다.

그렇다면 천국은 어떨까요? 우리가 생각할 때는 법 없이 살아도 될 만큼 도덕적인 사람들은 상대적으로 자격이 있다고 여길 수도 있습니다. 하지만 우리가 제아무리 스스로에게 자부심을 가져도 이 세상을 지으신 창조주 하나님의 기준에는 한참 미달입니다. 절대자이신 하나님의 기준은 우리가 생각하는 것보다 훨씬 높기 때문입니다. 부모님의 잔소리를 피하기 위해 거짓말로 둘러대거나 친구들과 침튀겨가며 누군가를 험담한 적이 있다면 이미 천국을 소유할 자격을 상실했습니다. 천국 문 앞에서 양심껏 살아온 지난날을 회상하며,

"이 정도면 괜찮지 않나요? 들여보내 주세요!"

아무리 간절하게 애원해도 하나님이 정하신 절대적인 기준에 비춰 보면 우리의 노력, 우리의 선함으로는 천국 문을 단 1cm도 열 수 없습니다. 이러한 기준에 의거하여 성경은 이 땅에 의인은 하나도 없다고 증언합니다.

"기록된 바 의인은 없나니 하나도 없으며" 로마서 3:10

"나는 너희에게 이르노니 형제에게 노하는 자마다 심판을 받게
되고 형제를 대하여 라가라 하는 자는 공회에 잡혀가게 되고
미련한 놈이라 하는 자는 지옥 불에 들어가게 되리라"

마태복음 5:22

굳게 닫힌 천국 문 앞에서 발을 동동 구르며 울부짖는 우리
인간들을 불쌍히 여기셔서 결단하신 것이 예수 그리스도의 십
자가 사건입니다. 예수님께서 우리의 죄를 대신 짊어지시고 십
자가에 달려 죽으심으로써 우리의 죄에 대한 대가를 지불하신
것입니다.

"친히 나무에 달려 그 몸으로 우리 죄를 담당하셨으니 이는 우
리로 죄에 대하여 죽고 의에 대하여 살게 하려 하심이라 그가
채찍에 맞음으로 너희는 나음을 얻었나니" 베드로전서 2:24

"예수는 우리가 범죄한 것 때문에 내줌이 되고 또한 우리를 의
롭다 하시기 위하여 살아나셨느니라" 로마서 4:25

이것을 대속Redemption의 은혜라고 합니다. 이다음에 우리가 하나님의 심판대 앞에 설 때, 우린 두려움에 떨게 될 것입니다. 이 땅에서 지은 죄가 너무나 많기 때문이죠. 그런데 그 때 예수님께서 우리를 대신해서 하나님 앞에서 변론해주실 것입니다. 이제 여러분들이 조금 더 쉽게 이해 할 수 있도록 재판의 장면을 예를 들어 설명해 보겠습니다. 제가 예화로 설명 드릴 가상의 설정과 달리 예수님을 믿는 우리는 그 놀라운 은혜로 심판 자체를 면제 받게 되긴 하지만요!

"내가 진실로 진실로 너희에게 이르노니 내 말을 듣고 또 나 보내신 이를 믿는 자는 영생을 얻었고 심판에 이르지 아니하나니 사망에서 생명으로 옮겼느니라" 요한복음 5:24

"의로우신 재판장이시여! 이 아무개가 이 땅에 살면서 수많은 죄를 지었기에 지옥 형벌을 면할 수 없음을 인정합니다. 그러나 아무개가 평소 여호와 하나님을 믿고 저 예수를 주로 고백하였으므로 2천 년 전에 제가 이 아무개를 위하여 십자가에서 물과 피를 흘린 것이 인정이 됩니다. 그러므로 이 죄의 대가

는 이미 지불이 되었고 〈일사부재리 원칙〉一事不再理 原則, 이미 심판을 거친 동일한 사건에 대하여는 다시 심판할 수 없다는 법의 일반원칙 에 의거하여 더 이상 아무개의 죄를 물을 수 없습니다. 무죄를 선고하여 주시기 바랍니다."

"나의 자녀 여러분, 내가 여러분에게 이렇게 쓰는 것은, 여러분으로 하여금 죄를 짓지 않도록 하려는 것입니다. 누가 죄를 짓더라도, 아버지 앞에서 변호해 주시는 분이 우리에게 계시는데, 곧 의로우신 예수 그리스도이십니다." 요한일서 2:1 『새번역 성경』

여러분은 이런 믿음직한 변호사를 선임하셨나요? 우리의 그 어떠한 공로 없이 하나님 스스로 인간의 몸으로 이 땅에 내려와 우리의 죄를 단번에 해결해 주신 사건. 이 놀라운 사실을 믿음으로 우리에게 주어지는 것은 하나님의 자녀 됨이요, 천국으로의 단발성 여행 비자가 아닌, 영원한 시민권입니다.

"그러나 우리의 시민권은 하늘에 있는지라 거기로부터 구원하는 자 곧 주 예수 그리스도를 기다리노니" 빌립보서 3:20

우리는 이 땅에서는 나그네 인생이지만 예수 그리스도의 은혜로 말미암아 천국에서는 상속자로, 시민권자로 영원히 살게 될 것입니다.

축복기도

서른 중반에 결혼하여 마흔을 바라보는 나이에 갖게 된 저의 아들은, 출산할 때 40시간 넘게 진통을 하던 아내를 보며 가슴 졸였던 만큼 너무나도 소중한 아이입니다. 저는 감정 표현에 서툰 편인데 아들을 낳고 나서부터 연신 감탄사가 절로 나와 스스로 푼수 같다고 느껴질 정도입니다. 눈에 넣어도 아프지 않을 것만 같은 사랑스런 아들을 위해 아빠로서 목사로서 매일 밤, 손을 얹고 축복기도를 해 주는데요, 그중 아무리 피곤해도 놓치지 않는 최우선 기도 제목이 있습니다.

"하나님, 우리 아들에게 놀라운 지혜와, 탁월한 은사와 능력을 주셔서 이 세상을 변화시킬 하나님의 일꾼이 되게 하여주옵소서!"

라고 기도할 법한데, 의외로 제 기도 제목은 소박합니다.

"하나님, 우리 아들 건이, 예수 잘 믿고 꼭 천국 가게 해주세요. 그래서 우리 온 가족이 천국에서 다시 만나게 해주세요."

우리 집안은 한국교회 기독교 역사와 어깨를 나란히 한 믿음의 가문입니다. 고조할머니 때부터 내려온 신앙으로 제가 믿음의 5대째입니다. 게다가 아버지도 형님도 아내도 목회자입니다. 제 아들 입장에서 보면 믿음의 6대이자, 태어나자마자 주변에 목회자들이 바글바글한 기독교 가문인 것입니다. 과연 이 가문에서 우리 아들은 대한민국 헌법이 보장하는 종교의 자유를 누릴 수 있을까 싶습니다. 다행인 것은 부모의 신앙이 진리 위에 서 있기 때문에 아들도 믿음의 가문 안에서 자라나 신앙생활 하면서 '천국'에 갈 가능성이 높다는 것인데요, 문제는 그렇다고 해서 아들에게 천국행 티켓이 자동으로 주어진 것은 아니라는 것입니다. 아마도 어릴 적부터 기독교 문화에 길들여진 아들은 자연스럽게 교회 문화를 접하고, 교회 공동체 안에서 살아갈 것입니다. 그러나 교회를 열심히 출석하고 여러 가지 봉사를 한다고 해서 천국을 소유하게 되는 것은 아닙니다.

천국에 가기 위해서는 부모의 신앙이나 열심 있는 교회 생활이 필요한 게 아니라, 스스로가 예수 그리스도를 인격적으로 받아들이고 나의 구주로 고백해야 합니다. 개인적인 회심과 영접이 필요한 것이죠.

찬양할 때 방방 뛰며 열정적으로 찬양한다고 믿음이 좋다고 단언할 수 있을까요? 물론 믿음 좋은 그리스도인들이 예배 가운데 자유함과 감격과 감사를 느끼며 다윗처럼 춤추며 찬양할 수 있습니다. 그러나 외형적으로 방방 뛰면서 소리 지르며 찬양한다고 해서 그 중심이 하나님을 향하고 있다고 보장할 수는 없습니다. 어떤 이들은 하나님에겐 관심 없고 예수님도 잘 모르지만 그냥 음악이 좋아서, 분위기에 취해서 흥겨운 선율에 몸을 내어 맡기며 예배시간에 '댄스타임'을 즐기고 있을지도 모릅니다. 클럽에서 음악에 취해 춤추듯이요.

기도할 때 눈물 펑펑 쏟는 것은 어떨까요? 기도회 때 흘리는 눈물로 그 사람의 믿음을 평가할 수 있을까요? 물론 하나님께서 주신 은혜를 경험하며 감격의 눈물을 흘리는 것은 참으로 아름답고 의미 있는 일입니다. 그러나 그렇다고 그 눈물이 그 사람의 '믿음의 깊이'를 증명하는 것은 아닙니다. 수련회를 예를 들어 보겠습니다. 청소년부, 청년부 수련회에서 보통 둘째 날 저녁 집회 때 설교가 끝나고 기도회 시간이 되면 분위기가 고조됩니다. 집회의 인도자는 불을 꺼달라고 요청하고, 찬양팀은 아름다운 선율로 분위기를 잡습니다. 인도자가 감동적인 멘트와 함께 기도를 이끕니다. 옆에서는 믿음 좋은 친구들이 통곡하며 눈물로 기도를 드립니다. 이때, 자연스럽게 감정이 고조되어 왜인지 모를 뭉클함이 몰려와서 눈가가 촉촉해집니다. 그런데 그 순간 우릴 위해 십자가를 지신 예수님이 떠오른 게 아니라 지난주에 대판 싸운 엄마의 얼굴이 떠올랐다면 어떨까요? 그래서 효도하기로 다짐하면서 펑펑 눈물을 흘렸다면? 물론 값진 눈물이긴 하지만 하나님을 향한 믿음의 고백은 아닐 것입니다. 그러나 옆에 있는 친구들은 기도 시간에 눈물 흘리는 모습을 보고 이렇게 생각할 수 있습니다.

'이 친구가 오늘 밤 은혜를 경험했구나, 예수님을 만났구나.'

우리는 내면 깊은 곳을 들여다보지 못한 채 외형적으로 보이는 종교행위로 그 사람의 믿음을 짐작합니다. 슬픈 영화를 보며 눈물을 아낌없이 흘리는 친구는 예배시간에도 눈물을 종종 흘릴 수 있습니다. 예배시간에 앞자리에서 아멘을 크게 외치는 친구들은 수업시간에도 앞자리에 앉아 선생님의 질문에 곧잘 대답하는 성실한 학생일 가능성이 큽니다. 예배시간에 눈물 흘리며 말씀에 반응하는 자세가 무의미하다는 이야기가 아닙니다. 단지 겉으로 보이는 모습으로 그 사람의 영적 성숙도를 가늠할 수 있는 것은 아니라는 말입니다. 개인적 성향과 믿음의 성숙도를 구분할 수 있는 분별력을 가져야 하는 이유입니다.

우리의 신앙을 잘 돌아보아야 합니다. 교회에서 예배드릴 때, '아멘!' '할렐루야!'를 크게 외치는 것 말고, 혼자 있을 때 나의 모습은 어떠한가요? 하나님과 얼마나 친밀감을 누리고 살아가나요? 중요한 것은 드러나는 신앙 행위가 아닌, 보이지 않는 곳에서의 우리의 고백입니다. 교회 안에서 예배드릴 때의 모습보다 중요한 것은, 학교에서, 가정에서, 길거리에서 우리의 모습이 '하나님과 동행하느냐' 하는 것입니다. 예배 분위기가 잘 잡혀 있는 교회에서 은혜 넘치는 예배에 참석했다고 그 사람의 믿음이 저절로 좋아지는 것은 아닙니다. 공동체 영성과 개인 영성을 혼동하지 말아야 합니다.

제가 아들을 위해 날마다 축복할 때 간절한 마음을 가지고 기도하는 또 다른 이유는 아들이 살아갈 세상이 아빠인 제가 살아온 지난날보다 믿음을 지키기가 더 어려울 것이란 사실을 알기 때문입니다. 우리 시대를 뒤덮고 있는 대표적인 사상은 인본주의, 즉 휴머니즘Humanism입니다. 인간을 세상의 중심으로 보는 이 사상은 한 사람의 존엄성을 귀히 여기는 등의 좋은 면도 있지만, 자칫하면 그 안에 하나님이 설자리가 사라진다는 것이 문제입니다. 많은 인본주의자들은 절대적인 진리보다 상대적인 가치를 더 중요하게 여깁니다. 반면 우리 그리스도인들은 창조주 하나님이 이 세상의 중심이라 믿는 신본주의를 지지합니다. 그렇기에 세상의 가치관과 충돌할 수밖에 없는 운명을 지녔습니다.

'인본주의 가치관의 홍수에서 신본주의자로 살아내기'

오늘날을 살아가는 그리스도인들의 숙명입니다.

오래된 미래 진정한 인간다움, 휴머니즘

휴머니즘은 15~16세기 유럽에서 일어난 문예 부흥 운동으로 인본주의, 인문주의, 인간주의라고도 하며 후마니타스Humanitas 라 불리는 '인간다움'을 존중하는 대단히 넓고 다양한 범위의 세계관이라고 볼 수 있다. 휴머니즘은 타락한 중세 가톨릭 교회가 인간 개인을 억압한 것에 대해 반작용으로 시작되어 신을 부정하는 운동의 양상을 띠기도 했다. 하지만 루터로부터 촉발된 종교개혁도 중세 가톨릭 교회의 교황청이 독점하던 하나님을 모든 인간 개인에게 돌려준 것이었기에 휴머니즘이 단순히 신을 반대하는 것이라고 단정 지을 수만도 없다. 그럼에도 불구하고 현대의 휴머니즘에는 '하나님 없이 살 수 있다'는 사상이 담겨 있는 것도 사실이다. 그러나 하나님이 인간을 창조하셨고, 이 세상을 창조하셨다는 것을 믿는다면 인간만을 위하는 인본주의는 받아들이기 힘들어도, 진정한 인간다움을 찾는 인문주의는 오히려 하나님의 창조를 드높이는 일이 될 수 있기도 하다. 예술, 철학, 과학, 윤리가 하나님 없이도 살 수 있다는 것을 증명하려 한다면 그것은 인간만을 위하는 인본주의를 추구하기 때문에 하나님을 믿는 그리스도인들은 이러한 세상의 가치를 따를 수 없다. 하지만 예술, 철학, 과학, 윤리가 하나님이 창조하신 세상과 특별히 하나님이 창조하신 인간의 진정한 인간다움을 추구하는 것이라면 우리는 충분히 그 안에서 하나님을 드높일 수 있을 것이다.

미래일기 ❸ 할아버지와 장례식

　204X년 어느 비 오는 날, 열두 살 소년 동진이는 이웃집 성중 할아버지의 장례식에 참석하여 하염없이 눈물을 흘리고 있다. 평소 동진이를 너무 아껴주시던 할아버지였기에 이제 다시는 볼 수 없다는 사실이 믿기지 않았기 때문이다. 하늘도 슬퍼서 눈물을 아낌없이 쏟아 붓는구나 생각했다. 장례식에 다녀온 동진이는 때마침 걸린 감기를 핑계로 일주일을 드러누웠다. '이웃사촌'이란 말이 낯설게 느껴진 지 한참이지만, 동진이와 이웃집 할아버지는 나라에서 〈실버그린 프로젝트〉의 일환으로 지정해 준 커플이다. 대한민국이 초고령 사회로 진입하면서 노인들의 말동무를 해주는 인공지능 로봇들이 속속 개발되었다. 하지만 홀로 사는 노인들의 외로움을 달래는 데에는 한계가 있었을 뿐 아니라 세대 간 단절이 사회적 문제로 드러나자 나라에서 팔을 걷어붙인 정책이 바로 〈실버그린 프로젝트〉이다. 초등학교 고학년 이상부터 참여할 수 있는 이 프로젝트는 어르신들과 젊은이들을 연결해 주어 일주일에 한 번씩 문화생활을 함께하고 대화를 나누며 서로를 돌보는 프로그램이다. 국가 보

조금이 지급되었기에 젊은이들 사이에서 '꿀바'^{꿀 빼는 쉬운 알바}로 불리며 인기가 높았다. 그래서인지 서로 간의 깊은 관계보다는 용돈이 필요한 젊은이들의 시간 때우기로 전락하는 경우들이 종종 있었다. 하지만 동진이와 성중 할아버지는 마음이 아주 잘 맞아서 친족 관계보다 더욱 끈끈하게 느껴질 정도의 사이가 되었다.

할아버지 장례식이 치러진 지 일주일이 지날 무렵, 동진이의 감기는 나았지만 성중 할아버지를 향한 그리움은 더욱 깊어져만 갔다. 사무치는 그리움에 동진이는 성중 할아버지 댁으로 향했다. 쓸쓸한 눈빛으로 할아버지의 손길이 닿은 정원을 둘러보다 초인종을 눌렀다. 당장이라도 할아버지가 인자한 모습으로 맞아줄 것 같은 생각에 눈가가 촉촉해진다.

'끼이이익~'

"오, 동진이로구나! 요녀석, 잘 있었니?"

이게 무슨 일인가? 문이 열리더니 성중 할아버지가 인자한 미소로 맞아주는 게 아닌가? 게다가 얼굴은 그대로인데 한참 젊고 건강해 보이는 모습이다. 100세가 넘어 평소 꾸부정했던 허리도 꼿꼿하게 선 채로 말이다.

"어? 성중 할아버지?"

"그래~ 어서 들어와라. 밥은 먹었니?"

눈이 휘둥그레져서 멍하니 서 있는 동진이의 팔목을 끌어당기는 할아버지의 손길은 평소와 다르게 힘이 넘친다.

"어떻게 된 거예요, 할아버지? 분명 지난주에 할아버지 장례식에…"

"아, 맞다 내가 갑자기 쓰러져서 미리 얘길 못 했구나. 허허 세상 참 좋아졌지. 이 몸은 최신형 엘봇El bot, Eternal Life bot 프로토타입 모델이란다. 생전에 내 기억을 매일 아침 최신으로 업로드하게 설계된 칩을 넣어놨지. 날짜를 보니 열흘 전에 쓰러져서 이틀간 사경을 헤매다 사망했더구나. 그러니까 죽기 전 이틀 기억을 제외한 내 인생의 모든 기억이 여기 담겨 있는 거란다."

"아… 할아버지! 다신 못 보는 줄 알았단 말이에요!"

더 이상 이 땅에서 볼 수 없을 거라 생각했던 할아버지를 보며 동진이는 참아왔던 울음을 터뜨렸다.

"새로운 몸에 적응하느라 시간이 좀 걸렸는데, 이제 어느 정도 익숙해졌단다. 오늘은 나가서 산책을 하려고 하는데 함께 가보지 않을래?"

"물론이죠~ 헤헤"

산책을 나선 둘이 마주 잡은 손 위로 찬란한 햇살이 비친다. 그늘이 드리웠던 동진이의 얼굴에도 환한 미소가 번진다. 인류가 죽음을 극복했다는 광고 속 멘트를 떠올리면서…

미래일기3은 영화에서나 나올 법한 이야기입니다. 실제로 할리우드 영화계에서는 2014년 조니 뎁Johnny Depp이 주연한 영화 〈트랜센더스〉에서 비슷한 상황을 연출했습니다. 천재 과학자조니 뎁가 죽기 직전에 그의 기억을 데이터로 변환하여 인터넷망에 업로드 했더니 인터넷이 연결된 모든 곳에 존재하며 주인공이 마치 무소부재無所不在, 어느 곳에나 존재함한 신처럼 등극하는 영화였지요. 당시 영화를 보면서 짜임새 있는 연출과 각본에 감탄하면서도 현실적으로는 불가능한 말도 안 되는 소재라고 생각했는데, 얼마 되지 않아 구글에서 '마인드 업로딩'이라고 명명한 이 기술을 상용화하기 위해 개발에 박차를 가하고 있다는 뉴스가 나왔습니다. 이 기술을 지지하며 기대하는 학자들은 인류가 과학의 힘을 빌려 영생을 누릴 날이 멀지 않았다고 전망합니다.

바이오 테크놀로지, 영원을 꿈꾸다

"This baby could live to be 142 years old."

2015년 「타임TIME」지 표지를 장식한 귀여운 아기를 설명하는 글입니다. 유전 공학의 힘으로 슈퍼 베이비가 탄생한 걸까요? 아닙니다. 평범한 아기를 모델로 삼은 「타임」지는 미래에 이뤄질 생명과학의 발전으로 2015년도에 태어난 아기들의 평균수명이 142세쯤 될 것이란 메시지를 전한 것이었습니다. 빌 마리스Bill Maris 구글 벤처스 대표는 "생명과학의 발전으로 2050년 인간의 기대수명은 500살이 될 수 있다"라고 말한 바 있습니다. 실제로 구글은 보유자산의 상당액을 생명과학 분야에 투자하고 있습니다. 현재 냉동인간 상태로 보존되어 있는 시신은 미국, 러

시아, 중국에서 600구 정도가 된다고 합니다. 대기자는 3,000명에 이르고 있습니다. 냉동 보존 기술의 아버지라고 불리는 미국의 물리학자인 로버트 에틴거Robert Ettinger는 생전에 "노화란 질병이다. 따라서 예방하고 치유할 수 있다"라고 주장했습니다. 현재 기술로는 급속 냉동만 가능하지만, 기술이 발달하여 급속 해동이 가능해지면 냉동인간들이 부활할 수 있을 것이라 기대합니다. 그가 냉동인간의 부활이 가능할 것이라 예상한 시점은 지금으로부터 약 200년 후입니다. 불로초를 찾아 헤맸던 진시황이 증명하듯, 인류의 염원은 영원한 삶, 혹은 불로장생不老長生에 있습니다. 성경은 이러한 인류의 염원을 하나님께서 주셨다고 기록합니다.

"하나님이 모든 것을 지으시되 때를 따라 아름답게 하셨고 또 사람들에게는 영원을 사모하는 마음을 주셨느니라 그러나 하나님이 하시는 일의 시종을 사람으로 측량할 수 없게 하셨도다" 전도서 3:11

다가올 미래   **트랜스휴머니즘 Transhumanism** ─────

트랜스휴머니즘은 과학기술을 이용하여 인간의 신체적·정신적 능력을 개선하려는 신념이나 운동을 뜻한다. 트랜스휴머니즘 사상가들은 생명과학과 신생 기술의 발전에 따라 인간이 인간의 장애, 고통, 질병, 노화, 죽음과 같은 문제들을 해결할 수 있을 것이라고 믿는다. 이들은 인류가 2050년경 나노·바이오·정보·인지NBIC 기술로 대표되는 첨단 기술들이 성공적으로 융합하는 시기인 '특이점'에 도달할 것이며, 그러면 인간 이후의 존재인 '포스트휴먼Posthuman'이 등장할 것이라고 예견했다. 여기서 포스트휴먼은 '현존하는 인간을 근본적으로 넘어서 현재 인간 기준으로는 인간이라 부르기 애매모호한 존재'를 뜻한다. 미국의 대표적인 생명보수주의 이론가 프랜시스 후쿠야마Francis Fukuyama는 트랜스휴머니즘을 '세상에서 가장 위험한 아이디어'로 꼽기도 했다.

앞에 소개한 미래일기 속 동진이는 죽음으로 사랑하는 이웃과 작별을 고했다고 생각했습니다. 그러나 그의 기억을 그대로 간직한 로봇을 마주하게 되었을 때 어떤 생각을 갖게 될까요?

인간이 죽음을 극복했다고 자연스럽게 인식하게 될 것입니다. 그런 동진이에게 2,000년 전에 우리를 위해 십자가에 달려 죽으시고 부활하신 예수님을 믿으면 천국에서 영원히 살 수 있다는 복음의 메시지가 어떻게 들릴지 상상해보세요. 복음을 전해주는 친구에서 적대적인 감정이 없다 하더라도 보이지 않는 천국에서의 영원한 삶 보다 당장 눈앞에 보이는 이 땅에서의 영원한 삶을 더 중요하게 생각하여 복음의 필요성을 못 느끼지 않을까요? 세상이 우리에게 이렇게 속삭이고 있는 것 같지 않으세요?

"인간이 이뤄낸 눈부신 과학기술로 영원한 삶을 꿈꾸라. 네가 곧 신이다."

과학기술의 발달로 우리가 경험하지 못한 세계가 다가올 때, 집단적 세계관의 변화를 맞이할 수 있습니다. 그러나 아무리 세월이 흘러 과학이 발전한다 해도 하나님이 만드신 인간의 영혼이 데이터화되어 칩 속으로 빨려 들어가 새로운 인공바디에 이식되어 영원한 삶을 누리는 일은 없을 것입니다. 단언컨대 모든 영혼은 죽음 이후 하나님의 심판대 앞에 서게 될 것입니다.

"네가 어찌하여 네 형제를 비판하느냐 어찌하여 네 형제를 업신여기느냐 우리가 다 하나님의 심판대 앞에 서리라"

로마서 14:10

기술이 바꿀 미래사회

요즘 뉴스를 통해 접할 수 있는 과학기술의 발전을 보면 참 흥미롭습니다. 어릴 적 공상 과학 만화, 영화에서나 보던 일들이 현실화되고 있습니다. 그저 '미래에는 과학기술의 발전으로 이러저러한 세상이 펼쳐질 것이다!' 정도의 수준이 아니라 구체적인 개발계획이 공유되고 있으니 현실감 있게 다가옵니다. 우주여행 혹은 우주 식민지 건설은 할리우드 영화에서나 접하던 영역이라고 여겨졌었는데 오늘 이 시간에도 이 프로젝트를 현실화하기 위해 전 세계 곳곳에서 땀방울을 흘리고 있습니다. 신혼여행으로 동남아, 유럽, 하와이가 아닌 달이나 화성을 선택하게 될 시대가 성큼 다가오고 있다는 말입니다. 부모님 효도 관광으로 어디를 보내드릴지를 고민할 때 금성이나 화성 중 취향에 관련한 카탈로그를 들여다볼 날이 멀지 않았습니다.

다가올 미래 우주 관광, 그리고 거주

1969년 7월, 닐 암스트롱Neil Armstrong은 달 표면에 인류의 첫 발자국을 남겼다. 이후 50년 동안 우주산업은 천문학적인 규모의 비용으로 인하여 발목이 잡혀 있었다. 하지만 최근 민간 기업들의 공격적인 투자로 우주산업이 급물살을 타고 있다. 1회 발사에 어마어마한 규모의 비용이 발생하던 발사체의 재활용 기술이 성공하면서 민간 우주 관광 산업이 활짝 열리게 되었다. 나아가 우주에 관심 있는 억만장자들은 지구를 넘어선 인간의 우주 거주 계획을 발표하고 있다. 전기자동차 분야의 선두주자 테슬라의 CEO이자 스페이스 X의 창업자인 일론 머스크Elon Reeve Musk는 우주 관광 산업과 함께 화성 이주 계획을 구체적으로 발표했다. 먼저 우주 관광 산업은 한 번에 100명 이상이 탑승할 수 있으며, 1,000회 가량 재사용할 수 있는 우주선 개발을 진행 중이며 상용화가 가능한 시기를 약 2027년 정도로 전망했다. 스페이스 X는 2024년에 먼저 무인無人 스타십 우주선을 화성으로 발사하겠다고 밝혔다.

미국의 전자상거래 업체 아마존의 CEO 이자 블루 오리진의 창업자인 제프 베조스Jeffrey Preston Bezos는 화성 이주에 앞서 달 활용을 제시했다. 지구 환경을 오염시키는 중공업 산업을 달에 이주시키자는 의견을 제시하며 매년 아마존 주식 10억 달러를 판매하여 이 프로젝트를 실현시킬 것이라고 주장하고 있다. 특히 베조스는 자사가 개발한 우주선인 뉴 셰퍼드 호를 타고 2021년 7월 20일, 민간 우주여행에 성공했다. 이후에 더 확신을 가지며 공격적인 행보를 펼치겠다고 선언했다.

NASA미국항공우주국는 달에서 화성으로 향하는 프로젝트를 본격화한다. 도널드 트럼프Donald Trump 대통령의 '우주정책 지침Space Policy Directive1'에 따라 달 착륙 50주년이 되는 2019년부터 NASA는 민간기업과의 파트너십을 통해 달 재착륙을 시작으로 향후 달에서 화성으로 탐사선을 보내는 등 우주탐사를 확대해 나간다는 방침을 가지고 있다. 이 프로젝트에는 향후 10년간 최대 26억 달러가 투입되며, 2030년까지 우주비행사들을 화성 궤도로 보낼 계획이다. 또한 유럽의 마스원은 2032년까지 화성 식민지 건설을 완성하겠다는 원대한 포부를 실현해나가고 있다.

기술의 발달이 가족제도의 붕괴를 가져올 것이라 주장하는 목소리도 있습니다. (사)유엔미래포럼의 발표에 의하면 2040년 결혼제도가 소멸할 것으로 예측했습니다. 이 단체가 발표한 내용 중 일부입니다.

"가장 큰 이유는 수명연장과 정착생활의 붕괴입니다. 2040년 평균 수명은 130세에 이릅니다. 한 사람과 결혼해 한 곳에서 100년 이상 살아야 한다는 이야기인데 과연 가능할까요? 2040년엔 제조업이 소멸하고 일자리가 사라집니다. 80%가 프리랜서로 생계를 유지할 수밖에 없습니다. 일자리를 찾아 이동을 할 수밖에 없는 노마드 시대에 주거, 정착은 고통이 됩니다. 더구나 시속 1,200km의 하이퍼 루프 시대가 왔습니다. 머잖아 시속 6,000km가 가능해집니다. 베링해협만 뚫으면 세계를 몇 시간 안에 이동할 수 있다는 이야기입니다. 이동성이 강화되면 한 나라 한곳에서 정착해 사는 의미가 없어집니다. 결국, 주택 소유의 종말이 오고, 가족의 소멸로 가는 겁니다. 핏줄 관계는 느슨해지고 1인 가구와 가족을 대체할 공동체가 늘어날 겁니다."

기술이 발달하고 세상이 급변할수록 우리 그리스도인들에게는 세상의 도전이 거세게 일어날 것입니다. 우리에겐 그리스도인으로서의 자기 정체성에 대한 바른 인식이 필요합니다.

"우리는 어디로부터 와서 왜 살며 어디로 가는가?"

인류가 꾸준히 가졌던 철학적 질문에 대한 대답을 인공지능이나 과학적 사고, 인류가 이룬 인본주의적 집단지성에 맡기면 안 됩니다. 인류가 달나라를 여행하고 화성을 식민지화하고 우주를 정복하는 날이 온다 하더라도 우릴 지으신 절대자, 하나님을 향한 시선을 굳게 붙잡아야 합니다. 하나님의 존재는 물리적 현상으로 증명하는 이 세상의 관점으로 파악할 수 없기 때문입니다.

"과학으로 증명되지 않은 신의 존재를 어떻게 믿나요?"

정말 많은 분들이 제게 이렇게 질문합니다.

그러면 저는 이렇게 대답합니다.

"신이 과학으로 증명할 수 있는 존재라면 저는 믿지 않겠습니다."

이것이 지금까지의 제 결론이자 신앙관이기 때문입니다. 인류 문명이 아무리 발전한다 하더라도, 인간의 힘으로는 창조주이신 하나님의 오묘한 섭리를 이해할 수도, 접근할 수도 없을 것입니다. 아무리 과학이 발전해도 빅뱅 이전에 무엇이 있었는지, 최초의 원소는 어떻게 생성되었는지, 최초의 에너지는 어디로부터 어떻게 왔는지 전혀 알 수 없습니다. 그래서 과학을 깊이 연구하는 과학자일수록 우주와 생명의 근본과 근원에 대해서는 신 앞에 겸손해질 수밖에 없습니다. 독일의 과학자 요하네스 케플러Johannes Kepler와 이탈리아의 과학자 갈릴레오 갈릴레이Galileo Galilei는 같은 시대를 살아갔던 인물입니다. 종교개혁의 중심지인 독일에서 태어난 요하네스 케플러는 개신교인 루터교 신자였고, 로마 가톨릭의 중심지인 이탈리아에서 태어난 갈릴레오 갈릴레이는 가톨릭 신자였습니다. 하지만 이들은 중세 교회가 절대 불변의 진리라고 믿고 있던 지구를 중심으로 태양과 달과 별이 움직인다는 천동설을 반박하고 태양을 중심으로 지구를 비롯한 행성들이 회전한다는 지동설을 증명한 과학자들이었습니다. 중세의 교회는 이 두 과학자들의 주장이 기독교 신앙을 뒤흔드는 일이라고 믿고 이단으로 정죄했습니다. 하지만 세월이 지나 지동설이 증명되었지만 중세 교회가 염려

했던 것처럼 교회가 무너지거나 기독교가 흔들리는 일은 없었습니다. 오히려 하나님의 창조 질서가 더 분명히 드러났을 뿐입니다. 그래서 우리 그리스도인들은 과학으로는 도저히 담을 수 없는 절대적 존재인 하나님에 대해 불안한 마음을 가질 것이 아니라 경외하는 마음을 품어야 합니다.

"내가 주께 감사하옴은 나를 지으심이 심히 기묘하심이라 주께서 하시는 일이 기이함을 내 영혼이 잘 아나이다" 시편 139:14

"너는 청년의 때에 너의 창조주를 기억하라 곧 곤고한 날이 이르기 전에, 나는 아무 낙이 없다고 할 해들이 가깝기 전에 해와 빛과 달과 별들이 어둡기 전에, 비 뒤에 구름이 다시 일어나기 전에 그리하라" 전도서 12:1~2

구경꾼, 변호인 그리고 증인

코로나19 팬데믹을 겪으면서 웃지 못 할 에피소드를 듣게

됩니다. 후배 목사님이 한 식당에서 혼밥을 하게 되었답니다. 상당히 덩치가 있는 이 목사님은 평소처럼 식사 기도를 드렸는데요, 기도하는 모습을 보고 옆 테이블에 있던 아줌마들이 쌍욕을 하더랍니다. 들으라는 듯이 말이죠.

"에이 씨~ 저런 XX 때문에 우리가 이 개고생을 하는 거지!"

"누가 아니래? 교회 다니는 인간들 뻔뻔해가지고 말야."

어떤 목사님은 병원에서 진료 대기를 하고 있었는데, 알아본 간호사가 인사를 했습니다.

"어머 목사님! 안녕하세요?"

그러자 주변에 있던 환자들이 동시에 일어나서 자리를 피하더랍니다. 마치 홍해가 갈라지듯이요. 어쩌다 이렇게 된 걸까요?

과거 로마에는 전염병으로 인한 두 차례의 팬데믹이 있었습니다. 1차는 A. D 160년~180년경으로 안토니우스 역병으로 천연두로 추정되는 전염병 때문이었습니다. 2차는 A. D 251년~266년경으로 키프리아누스 역병으로 천연두나 에볼라로 추정되는 전염병 때문이었습니다. 이 두 차례의 전염병으로 인한 사망자들이 속출했지만 로마 정부는 손을 쓸 수 없었습니다. 심지어 감염된 환자를 가족들이 내다 버리는 참담한 상황이 벌어졌습니다. 그런데 놀랍게도 곳곳에서 그리스도인들이 자발적으로 환자들을 돌보면서 목숨을 건 사랑으로 품었고, 교회 공동체의 섬김을 경험한 지역에서는 전염병으로 사망하는 숫자가 눈에 띄게 낮아졌습니다. 이를 바라보며 감명을 받은 많은 사람들이 하나님을 믿게 되었다고 합니다.

오늘날 한국의 교회는 어떨까요? 2020년 1월, 기독교윤리실천운동의 보고에 따르면 일반 국민을 대상으로 한 여론조사에서 '교회를 신뢰한다.'는 응답이 32% 나왔습니다. 2021년 1월 목회데이터연구소의 보고에는 21%로, 1년 사이에 11%나 하락했습니다. 응답자를 비개신교인으로 한정했을 때에는 신뢰도가 9%로 보고되었습니다. 코로나19가 전 세계를 휩쓴 상황에서 그리스도인들이 세상 사람들에게 본이 되기는커녕 오히려 실망을 안겨 주었다는 이야기입니다. 같은 팬데믹을 지나면서 우리는 왜 세상을 감동시키는 것이 아닌 실망을 시키게 되었는지, 우리는 세상 사람들의 시선에 어떤 모습으로 비치고 있는지 돌아봐야 합니다. 이렇게 기독교가 세상 사람들에게 외면 받고 있는 상황에서 우리는 모른 척 아닌 척 구경꾼의 자세를 취하기 쉽습니다. 그나마 교회를 사랑하는 마음이 있는 이들은 변호인의 자세를 취하려 합니다.

"모든 교회가 다 이상한 건 아냐. 우리 교회 한 번 와 봐. 담임목사님 설교도 좋고, 지역사회에 봉사도 진짜 많이 해. 그리고 좋은 친구들도 많이 사귈 수 있다구."

그러나 지금 시대는 말발 좋은 변호인의 제 식구 감싸기 식의 변호가 필요한 시대가 아닙니다. 새 신자 프로그램이나 교회의 강점으로 전도를 할 수 있는 시대는 더더욱 아닙니다. 지금은 하나님을 직접 경험한 이들의 삶의 고백, 즉 증인이 필요한 시대입니다. 교회를 아무리 열심히 다니고 봉사를 많이 한다고 해도, 하나님을 인격적으로 만나지 못했다면 그리스도인이 될 수 없습니다. 그리고 하나님의 자녀가 되면 결코 구경꾼이나 변호인으로 머물 수 없습니다.

"여러분은 진정한 그리스도인입니까?"

혹시 이런 질문에 교회는 열심히 다녔는데 하나님이 느껴지지 않아서, 옆 친구는 은혜 받고 뜨거운 체험을 한 것 같은데 내 마음은 냉랭하기만 해서 낙심되나요? 실망할 필요 없습니

169

다. 그리고 내 감정이 아닌 말씀 위에 믿음을 올려놓으세요. 우리의 감정은 하루에도 여러 번 롤러코스터를 타지만, 하나님의 말씀은 영원히 변치 않기 때문입니다. 구원에 이르는 큰 믿음, 구원에 이르기에는 아직 부족한 작은 믿음이 있는 것이 아닙니다. 구원에 이르는 진짜 믿음, 구원에 이르지 못하는 가짜 믿음이 있을 뿐입니다. 그리고 우리의 믿음이 진짜인가 가짜인가는 때때로 변하는 우리의 감정이 아니라, 변치 않는 하나님의 약속인 말씀으로 분별할 수 있습니다.

'하나님이 나를 사랑하시지 않는 것 같다, 나를 만나주시지 않는다.'

라고 생각이 든다면 이 말씀을 주목해보세요.

"볼지어다 내가 문 밖에 서서 두드리노니 누구든지 내 음성을 듣고 문을 열면 내가 그에게로 들어가 그와 더불어 먹고 그는 나와 더불어 먹으리라" 요한계시록 3:20

이 약속의 말씀을 지키실 책임이 우리 주님께 있습니다. 그렇다면 여러분이 하나님을 못 만난 것 같다고 느껴지는 것은,

주님이 우리를 안 만나주신 것이 아니라 우리가 마음의 문을 열지 않았기 때문이라는 것입니다. 지금 당장 하나님께 마음의 문을 열어 보세요. 하나님은 약속을 지키시는 분입니다. 그리고 따라서 고백해보세요.

"예수님은 나의 주인이십니다."

만약 이 고백을 마음속 저항 없이 드릴 수 있었다면 기뻐하세요. 이미 우리는 성령이 함께하시는 하나님의 사람이며 천국이 우리의 것이기 때문입니다. 기적 체험이나 뜨거운 감정적인 체험이 없더라도 이 고백을 할 수 있다면 성령님이 우리와 함께 하시는 것입니다.

"그러므로 내가 너희에게 알리노니 하나님의 영으로 말하는 자는 누구든지 예수를 저주할 자라 하지 아니하고 또 성령으로 아니하고는 누구든지 예수를 주시라 할 수 없느니라"

고린도전서 12:3

가장 소중한 것

저희 아버지가 교회를 개척하시면서 초등학교 교사였던 어머니는 교편을 내려놓으셨습니다. 그리고 어머니는 퇴직금 전액을 교회에 헌금하시면서 우리 집의 가난은 시작되었습니다. 저는 초등학교 3학년 때 신문배달을 시작했고, 외식은 친구 생일 때 초대받은 경우에나 누릴 수 있는 호사였습니다. 인격적인 아버지와 사랑 많으신 어머니 덕분에 가정은 화목했지만, 학교 준비물도 제대로 챙겨가기 힘든 가난은 정말 싫었습니다. 그래서 저의 꿈은 무조건 '돈 많이 버는 것'이었습니다. 어릴 적부터 신앙교육을 받은 덕분에 하나님을 향한 믿음은 있었지만, 세상의 부와 명예를 다 버리고 하나님께 충성하며 고생스러운 삶을 살다 영광스러운 구원에 이르는 것에는 관심 없었습니다. 오히려 세상의 부와 명예를 맘껏 누리면서 적당히 교회다니다가 가까스로 구원을 얻더라도 천국에만 들어가면 그게 훨씬 매력적인 삶이라고 생각했습니다. 그래도 신앙적 양심은 있어서 이 정도의 계획은 있었습니다.

'돈 많이 버는 장로가 되어 아버지 교회랑 어렸을 때부터 목

회자가 꿈이었던 형이 사역할 교회에 헌금 많이 해야지.'

　고등학교 때까지 학업성적도 우수했습니다. 당연히 명문대 진학을 목표로 공부했습니다. 그러던 어느 날 하교 시간이었습니다. 선생님이 심부름 하나를 부탁하셔서 얼른 처리하고 집으로 가려고 발걸음을 재촉하던 때였습니다. 빨간 불이 켜진 횡단보도 앞에 서 있던 저는 신호등이 파란불로 바뀌자마자 쏜살같이 튀어나갔습니다. 전력 질주를 하고 있는데, 건너편에서 굉음과 함께 엄청난 속도로 달려오는 하얀 물체가 보였습니다. 저 멀리서 신호등이 노란 불로 바뀌는 것을 보고 액셀러레이터를 밟은 택시였습니다. 그 택시는 저를 향해 무섭게 달려오고 있었습니다.

　'헉… 이렇게 죽는 건가?'

　전속력이었기 때문에 바로 멈춰 설 수 없었던 찰나, 누군가 뒷덜미를 붙잡는 게 느껴졌습니다. 순간 제 몸은 공중에 들려 360도를 회전하였습니다.

　"끼이이익~ 픽!"

　택시의 사이드미러는 저의 책가방과 부딪히며 산산조각이 나서 나뒹굴었고, 급브레이크를 밟은 택시는 10미터 정도 더 지나쳐서 멈춰 섰습니다.

하교하던 친구들은 걸음을 멈추고 저를 바라보고 있었습니다. 어떤 여학생은 눈앞에서 사망사고를 목격한 줄 알고 주저앉아 울기까지 했습니다. 그런데 신기하게도 저는 머리털 하나 상하지 않았습니다. 그 순간 제가 어떤 행동을 했을까요? 급히 뒤를 돌아보았습니다. 찰나의 순간, 저를 구해준 은인을 찾기 위해서요. 그런데 놀랍게도 저와 가장 가까이에 있던 사람은 대여섯 걸음 뒤에 있었습니다. 순간 전율을 느낀 저는 하늘을 바라보며 감사의 기도를 드렸습니다.

"하나님! 살려주셔서 감사합니다."

워낙 경황이 없어서 제가 착각한 걸까요? 다음 해 고3이 되었을 때, 같은 반이 된 한 친구가 와서 흥분하며 인사를 건넸습니다.

"야, 너 작년에 차에 치여 죽을 뻔한 그 애 맞지? 너 운동신경 겁나 좋더라. 그 자리에 있던 우리 모두 너 죽는 줄 알았어!"

그날의 사건은 저의 인생관을 완전히 바꿔 놓았습니다. 무엇보다 젊고 건강했기에 죽음을 한 번도 진지하게 생각해 보지 않았었는데, 언제라도 하나님이 부르시면 이 세상과 작별을 고해야 하는 존재란 사실을 깨닫게 된 것입니다. 죽음이 무게감 있게 다가오자 삶의 자세가 달라졌습니다. 그리고 하나님께 고백했습니다.

"하나님, 선물로 주신 인생, 당신을 위해 살겠습니다."

세상 사람들은 언젠가는 죽을 줄 알면서도 마치 영원히 살 것처럼 살아갑니다. 그런데 우리 그리스도인들은 영원히 살 것을 알면서도 마치 언젠가는 사라질 것처럼 살아가는 것은 아닌지 돌아보면 좋겠습니다.

놓칠 수 없는 생명줄

"꺄아아아악!"

1996년 여름, 강원도의 어느 골짜기에 가녀린 소녀의 외마디 비명이 메아리쳤습니다. 당시 고등학생이던 저는 급류에 떠내려가는 교회 여동생을 본 순간 용수철처럼 튀어 올라 달리기 시작했습니다. 물가의 자갈이 매끄럽지 않아 발에 피가 났지만 아랑곳하지 않고 달렸습니다. 물이 허리춤에서 가슴을 지나 턱 밑까지 차올랐을 때 가까스로 그 여동생을 붙잡을 수 있었습니다. 자칫하면 '○○ 교회 여름 수련회 물놀이 도중 여중생 익사'라는 끔찍한 기사가 될 뻔한 사건을 막은 용감한 행동이었습니다. 그런데 웬걸요? 희생적으로 구원의 손길을 건넨 저를 쳐다보는 여동생의 표정이 싸늘했습니다. 오히려 "아이씨" 하며 대놓고 짜증을 내더군요.

'이게 무슨 상황이지? 내가 뭘 잘못했나?'

그 여동생의 시선이 향하는 곳을 돌아보았습니다. 순간, 굳이 설명을 더 하지 않아도 상황 파악이 됐습니다. 제 뒤에 한 대여섯 걸음 정도 되는 거리에 저의 친구가 멈춰 서 있었는데, 동생이 그 오빠를 짝사랑하고 있던 것입니다! 하지만 아무리 생각해도 제가 재빨리 나서지 않았다면 위험한 상황이었습니다. 그 친구에게 맡겼다면 간발의 차이로 위험할 수도 있었습니다. 그러나 여동생은 이왕이면 자신이 좋아하던 그 오빠가 구해주길 바랐던 모양입니다. 목숨이 위험한 순간에도 로맨틱하고 운명적인 사건을 기대했건만, 웬 오징어같이 생긴 다른 오빠가 다 망쳐놓은 것으로 느껴졌겠지요. 그날 이후로 그 동생은 저를 볼 때마다 입을 삐죽거렸습니다. 그 사건이 있은 지 몇 년 후, 군대를 제대하고 잠깐 미국에서 사역할 때의 일입니다. 여름방학을 맞아 청소년들을 데리고 계곡에 놀러 갔었는데, 수심이 허리 깊이 되는 곳에서 현지인들과 어우러져 물놀이를 하고 있을 때였습니다.

"어푸, 어푸. 살려주세요!!"

한 여학생이 계곡 한가운데에서 SOS를 외치는 것이었어요. 분명 수심이 허리밖에 되지 않는 곳이란 걸 뻔히 아는데 허우적대며 도움을 요청하는 아이의 모습은 우스우면서도 안쓰러울 정도였습니다.

"쟤 뭐 하냐? 설마 우리가 속을 거라 생각하는 거야?"

"그러게요. 많이 심심했나 보네요."

웃으면서 한참을 바라보고 있었습니다. 이쯤이면 아무도 안 속으니 겸연쩍어하며 일어나야 하는데, 웬일인지 계속 물을 먹어가며 허우적대고 있는 것이었습니다. 뭔가 이상하다 싶어 물 속에 고개를 넣어 들여다보니 아뿔싸! 바위와 바위 사이에 난 틈에 빠져 허우적대고 있는 상황이었던 것입니다. 딱 봐도 2미터가 넘는 깊이였습니다. 순간 주위를 둘러보았지만 마땅히 도와줄 안전요원도 없었습니다. 수영을 전문적으로 배운 적이 없던 저는 숨을 있는 대로 내쉬고 잠수를 시도했습니다. 허우적거리는 그 학생의 발밑으로 내려가서 발꿈치를 잡고 얕은 곳을 향해 있는 힘껏 밀었습니다. 작용 반작용의 법칙으로 저는 더 깊은 곳으로 빠져들어 갔습니다. 필사적으로 빠져나오면서 물을 1리터는 마신 것 같습니다. 겨우 바위 위로 기어 올라온 저는 영화에서나 볼 법한 물 토하기 신공을 시전하고는 대자로 뻗어버렸습니다. 기진맥진하여 호흡을 가다듬으며 물에 빠졌던 그 학생을 찾아보니 다행스럽게도 저 멀리 얕은 물가에서 노랑머리 현지 아이들과 어울려 물장난을 하고 있었습니다. 목숨을 내걸고 자신을 살려준 스승에게 고맙다는 말 한마디 없이요.

청소년, 청년 집회에서 이 경험담을 들려주고 나서 돌발 질문을 던집니다.

"이렇게 목숨 걸고 생명을 구해줬는데 아직까지도 저는 그 동생에게, 그리고 제자에게 고맙다는 인사 한번 듣지 못했습니다. 자, 그렇다면 이후로 물에 빠진 사람을 보게 되면 어떻게 해야 할까요? 고맙다고 보답할 사람과 그렇지 않을 사람을 가려가며 구해야 할까요?"

"아니요! 무조건 구해야죠!"

대답은 뻔합니다. 생명이 달려 있는데 상대의 반응은 별로 중요하지 않습니다. 전도도 마찬가지입니다. 그런데 요즘 적극적으로, 자발적으로 전도하는 젊은이들을 찾아보기 힘듭니다. 대부분의 이유는 상대의 거부 반응이 예상되기 때문입니다.

"어머, 교회 같이 가자고? 고마워! 내가 이 순간을 얼마나 기다렸는데! 이제 드디어 나도 하나님의 자녀가 될 수 있겠구나! 네가 내 생명의 은인이야."

친구들에게 전도할 때 대부분 이렇게 반응하며 곧바로 교회로 따라나선다면, 누가 시키지 않아도 따로 교육하지 않아도 신이 나서 전도에 열을 올릴 것입니다. 그러나 현실은 그와는 정반대의 모습인 경우가 많습니다.

"하나님이 살아있다고? 웃겨. 그럼 이 자리에 당장 소환해봐! 그럼 믿어 줄게."

"교회? 너나 똑바로 살면서 그런 얘기 꺼내라. 쳇!"

"엥? 뭐야, 너 개독이었냐? 어휴 큭큭 저리 가. 냄새난다."

핀잔과 조롱이 섞인 이런 부정적 반응을 경험하고서는 굳이 면박당하는 게 싫고 분위기 싸해지는 게 싫어서 친구들에게 복음을 전하기를 주저하다가 결국엔 아예 포기하게 됩니다. 하지만 이런 반응이 싫다고, 두렵다고 전도를 하지 않는 것은 마치 고맙다는 인사를 못 받을 것 같다고 물에 떠내려가는 친구를 지켜보고만 있는 것과 다를 바 없습니다. 눈앞에서 생명이 죽어 가는데 우선 구하고 봐야 할 것 아닐까요? 예상되는 반응이나 분위기에 신경 쓰지 말아야 합니다. 때로는 핀잔 듣고, 따돌림을 당하더라도 괜찮습니다. 우선 떠내려가는 친구가 보이면 어떤 상황이라도 먼저 생명줄을 던져야 합니다. 전도는 우리 교회 담임목사님이나 담당 교역자를 위해 교회 부서 예배실의 빈 공간을 채워주는 행위가 아닙니다. 내 소중한 친구와 가족, 이웃의 생명을 살리는 일입니다.

다가올 미래에는 상당한 변화의 물결이 우리를 표류케 할 것입니다. 그러나 우리 그리스도인들은 중심을 붙잡고 말씀 위에 굳게 서야 합니다. 그리고 기억합시다. 복음은 우리 믿는 자들뿐 아니라 아직 하나님을 믿지 않는 자들에게도, 믿기만 한다면 영원한 생명을 가져다줄 하나님의 능력입니다.

우리의 이 땅에서의 마지막 날은, 천국에서의 첫날이 될 것입니다.

"내가 복음을 부끄러워하지 아니하노니 이 복음은 모든 믿는 자에게 구원을 주시는 하나님의 능력이 됨이라 먼저는 유대인에게요 그리고 헬라인에게로다" 로마서 1:16

"지혜 있는 자는 궁창의 빛과 같이 빛날 것이요 많은 사람을 옳은 데로 돌아오게 한 자는 별과 같이 영원토록 빛나리라"

다니엘 12:3

하나님 없이도
살 수 있을까?

이미 답은
정해져 있습니다만

예수 믿고 꼬인 인생?

"으… 저 스데반이란 작자 선을 넘는 것 같은데! 우리 유대인의 전통을 능멸하고 신성 모독하는 것을 더 이상 두고 볼 수는 없소!"

"맞습니다, 어서 저 흉악한 자를 끌어내 돌로 칩시다!"

"하, 근데 저 작자는 죽어 마땅하지만, 로마에서 귀찮게 하진 않을까요? 속국이라고 우리 민족의 율법대로 처형시키는 것도 맘대로 못 하니 원~"

"이 정도 사안이면 먼저 조치를 취하고 후에 보고를 해도 크게 문제 삼지는 않을 거요. 그런데 가만있자, 책임자는 분명 있어야 할 텐데…"

"오! 마침 저기 사울 선생이 계시는구려, 어서 가서 부탁해 봅시다!"

초대교회 최초의 순교자인 스데반이 담대히 예수님의 복음을 전하고 죽임을 당할 때 잠깐 언급되는 인물이 있습니다. 바로 청년 사울입니다.

사도행전을 보면 청년 사울에 대한 언급은 마치 형님들이
거사를 치를 때 막내에게 외투를 잠깐 맡기는 것 같은 분위기
로 보입니다. 그러나 당시 시대적 상황을 살펴보면 얘기가 달
라집니다. 오늘날이야 각자 집에 외투를 여러 벌 쟁여놓고 패
션템으로 선택해서 돌려가며 입지만, 당시 이스라엘의 서민들
에게는 외투 한 벌이 전부인 경우가 많았습니다. 그만큼 중요
한 물건을 누군가의 발 앞에 둔다는 것은 자신의 권위를 상대
방에게 맡기고 순복한다는 의미였습니다. 로마의 식민 지배를
받고 있었던 이스라엘 입장에서는 누군가를 즉결 처형하는 것
은 로마의 눈치를 볼 수밖에 없는 부담스러운 일이었습니다.

이에 로마 앞에 책임자로 설 만한 인물의 발 앞에 실제로 처형을 진행하는 이들의 겉옷을 벗어 둠으로써 이후 이 처형에 대한 책임을 그에게 돌렸다고 볼 수 있습니다. 즉, 사울은 당시 무리 중에서도 대표성을 가지고 있을 만큼 주목받는 리더였던 것입니다.

실제로 바울의 이력은 정말 화려합니다. 율법학자이자 최고의 랍비로 칭송받았던 가말리엘의 제자였고, 철저하게 구약 성경의 율법을 지키며 회당 조직을 통해 이스라엘 전체에 가장 큰 영향력을 미쳤다고 할 수 있는 바리새인이었으며, 태어날 때부터 이스라엘을 비롯한 수많은 나라를 지배하던 로마 시민권을 소유한 사람이었습니다. 오늘날로 따지자면 금수저를 물고 태어난 재벌 2세이며 서울대 법대를 수석으로 졸업한 신앙도 좋은 교회 오빠라고 보면 됩니다. 그냥 자신의 금수저와 쌓아올린 스펙을 가지고 남들처럼 살았으면 모든 이들에게 존경받으며 화려하고 명예로운 인생을 누릴 수 있는 사람이었던 것입니다. 그런 그가 예수님을 만난 이후로 자신이 그동안 의지했던 가문과 능력과 스펙들을 모두 '똥'이라고 표현합니다.

"그러나 무엇이든지 내게 유익하던 것을 내가 그리스도를 위하여 다 해로 여길뿐더러 또한 모든 것을 해로 여김은 내 주 그리스도 예수를 아는 지식이 가장 고상하기 때문이라 내가 그를 위하여 모든 것을 잃어버리고 배설물로 여김은 그리스도를 얻고" 빌립보서 3:7~8

혹시 여러분은 모닝 응가를 하고 변기 속에 곱게 똬리를 튼 응가가 사랑스러워 물을 내리기 망설인 적 있으신지요? 자신의 몸속에서 나온 응가를 떠나보내기 아까워 선물 상자에 모셔놓고 향수를 뿌리며 흐뭇해하고 있다면 당장 병원을 알아봐야 할 것입니다. 그만큼 똥은 무가치한 것입니다. 그런데 사도 바울은 자신에게 유익하던 이 땅의 모든 스펙들을 똥으로 표현했습니다. 왜 그랬을까요? 예수님을 믿으면 이성이 마비되고 논리가 안통하며 덜떨어진 사람이 되는 걸까요? 아마도 바울처럼 세상의 논리를 따르지 않는 그리스도인을 보며 사람들은 어리석다고 여길 수 있을 것입니다. 감정에만 충실한 이들로 여기며 약간 모자라게 바라볼 수도 있습니다. 그러나 진짜 그리스도인들은 오히려 지극히 이성적인 사람들이며 철저히 계산

적인 존재들입니다. 천국을 소유했기에 다른 것을 포기할 수
있게 된 것일 뿐입니다.

> "천국은 마치 밭에 감추인 보화와 같으니 사람이 이를 발견한
> 후 숨겨 두고 기뻐하며 돌아가서 자기의 소유를 다 팔아 그 밭
> 을 사느니라" 마태복음 13:44

실제로 사도 바울은 예수님을 믿고 인생이 꼬이기 시작합니
다. 엄청난 핍박을 당하다가 결국 감옥에서 생을 마감하게 됩
니다. 세상적인 기준으로 보면 이런 삶은 쉽게 이해할 수 없을
것입니다. 누가 봐도 바울이 가진 가문과 능력과 스펙이 정말
아까운 것이기 때문입니다. 그러나 세상 사람들이 보지 못하는
바울의 삶이 있습니다. 그것은 바울이 쌓아왔던 지식과 실력과
리더십이 복음을 전하는 데 놀랍도록 유용하게 쓰였다는 사실
입니다. 이방인의 사도로 불리며 수많은 이들에게 복음을 전파
했으며, 신약성경 27권 중 절반에 해당하는 13권을 저술한 이
가 바로 사도 바울입니다. 어쩌면 그가 자신에게 유익하던 것
을 '똥'이라고 표현했던 것은, 예수 그리스도를 아는 지식을 전

하는 데 유용한 거름이 될 수 있다는 사실을 염두에 뒀을지도 모르겠습니다.

우리도 이와 같은 삶을 살면 어떨까요? 이 땅에서 성공하고 복 받기 위해 예수님을 믿는 것이 아니라, 어두운 세상 가운데 소망 없이 살아가는 이들에게 더 힘 있게 복음을 전하기 위해 오늘 하루를 가꿔 가는 삶 말이에요. 나의 성공만을 위해 주님의 도우심을 바라는 것에서 더 나아가 하나님의 영광을 전하기 위해 성공하고자 오늘 하루 최선을 다한다면, 그것이야말로 가장 멋진 모습이 아닐까요? 분명히 말씀드릴 수 있는 것은 지금 이 순간에도 저 천국에서 사도 바울은 하나님의 영광 안에서 그 누구보다 행복하게 지내고 있다는 사실입니다.

교회 멤버와 그리스도인

코로나19로 인한 팬데믹을 지나며 많은 교회가 걱정에 빠져 있습니다. 코로나19가 완전히 종식되어 대면 예배로 전환될 때 성도 수가 줄어들면 어떻게 될까? 그래서 헌금이 줄어들면

어떻게 될까? 저도 충분히 공감되는 현실적인 걱정이기도 합니다. 많은 전문가들이 코로나19의 완전 종식은 힘들고 독감처럼 인류와 함께 가게 되는 '위드With 코로나' 시대를 예측하지만, 정식적으로 '대면 예배 허용'이 될 때가 되면 실제로 많은 교회들이 위 두 가지 문제에 직면하게 될 것으로 보이기 때문입니다. 게다가 코로나19로 비대면 예배가 길어지면서 온라인 예배에 익숙해진 우리는 새로운 변화에 직면하게 되었습니다. 메타버스Metaverse로 정의될 수 있는 신개념 세상이, 새로운 차원이 열리고 있기 때문입니다. 이제는 가상세계 속에서 자연스럽게 생활이 이어지는 시대가 되었습니다. 대면 예배가 허락되는 상황에서도 스스로 메타버스 속 메타처치에 접속하기를 선택하는 성도들이 생겨날 것으로 보입니다. 이런 상황에서 교회 입장에서 보면 코로나19 이후에 성도 수도, 재정도 줄어들 가능성이 높습니다. 그런데 여기서 한 가지 짚어보고 싶은 게 있습니다. 과연 코로나19를 지나며 교회를 떠나가는 이들이, 코로나19로 인해 우리가 자주 못 보고 친교가 약해지다 보니 어색해져서 떠나가는 것일까요? 아니면 그동안 교회는 다녔으나 예수 그리스도를 인격적으로 만나지 못했기 때문에 떠나가는 것일까요?

제가 생각하는 정답은 후자입니다. 예수 그리스도를 인격적으로 만나지 못했던 분들은 코로나19가 아니었다 하더라도 대학 입시, 군대, 취업, 결혼, 이사 등 인생의 여러 이벤트로 언제든 교회를 떠나가게 될 수 있는 이들이기 때문입니다. 교회 멤버십Church Membership을 얻는 것은 결코 어려운 일이 아닙니다. 세뇌의 과정이 필요한 이단, 사이비라면 오히려 멤버십을 주는데 복잡하고 까다로운 절차를 마련하지만, 건강하고 복음적인 교회는 새 신자를 맞을 때 복잡하고 까다로운 절차를 두지 않습니다. 대부분 4주 정도만 예배에 꾸준히 참석하면 그 교회 성도로 인정해 줍니다. 그러나 하나님의 자녀가 되어 천국 시민권을 소유하는 것, 즉 진정한 그리스도인Christian이 되는 것은 결코 쉬운 일이 아닙니다. 교회 다닌 기간이나 봉사의 이력으로 수여되는 것도 아닙니다.

"나더러 주여 주여 하는 자마다 다 천국에 들어갈 것이 아니요 다만 하늘에 계신 내 아버지의 뜻대로 행하는 자라야 들어가리라" 마태복음 7:21

194

"좁은 문으로 들어가라 멸망으로 인도하는 문은 크고 그 길이 넓어 그리로 들어가는 자가 많고 생명으로 인도하는 문은 좁고 길이 협착하여 찾는 자가 적음이라" 마태복음 7:13~14

그래서 코로나19로 인해, 혹은 메타버스가 기다리고 있는 급변하는 세상의 물결 속에서 함께 신앙생활을 했던 교인들이나 친구들이 교회를 떠나가는 것 같아도 크게 두려워하거나 흔들릴 일은 아닙니다. 오히려 하나님에 대한 믿음 없이, 예수님에 대한 별 관심 없이 그냥 교회가 주는 여러 이점들 때문에, 친구들과의 관계, 지역의 네트워크 등을 이유로 교회를 그냥 다니기만 하는 사람들의 믿음의 자세를 돌아봐야 합니다. 물론 그동안 우리 교회와 교인들이 진정한 그리스도인이 되기 위해 애쓰기보다 교회 멤버십을 늘리는 일에만 몰두한 것은 아닌지 돌아보는 것도 잊지 말아야 할 것입니다. 하지만 세상이 동요한다고 내 신앙까지 동요될 일이 아니라는 말씀입니다. 사도 바울이 살았던 시대도 엄청난 변화와 도전과 동요가 일었던 때입니다. 이런 때에 바울은 자신의 가문과 능력과 스펙을 '똥'이라 여기며 자신이 만난 예수님의 복음을 붙들었습니다. 오늘을 살아가는 우리도 부모님, 선생님, 전도사님, 목사님이 들려주는 하나님의 이야기를 듣는 것에 만족해서는 절대로 안 됩니다. 진정한 그리스도인이 되기 위해서는 나의 하나님을 만나야 합니다. 그래서 이런 때일수록 교회 멤버로 머무르는 것이 아니라 그리스도인으로 거듭나야 합니다.

미래일기 ❹ 에클레시아월드 in 메타버스

203X년 가을 어느 주일 오후, 교회 중고등부에서 예배를 마친 상현이는 마음이 들떴다. 그렇게나 함께 교회를 다니고 싶었던 단짝 친구 동민이가 이번 새 생명 축제에 참여하겠다고 말했기 때문이다. 물론 교회에서 내건 '뉴에어팟 미니4' 때문이란 건 알지만, 그래도 그 덕분에 친구가 교회에 발을 내디딜 수 있다는 것만으로도 흡족했다. 생각해 보면, 상현이도 초등학생 시절 친구 따라 메타버스에서 처음 교회를 접했고, 그 후 오프라인에서 만남을 이어가며 하나님에 대해 알게 되었으며 이젠 제법 믿음이 생겨 세례교육까지 받고 있던 터였다.

"전도사님! 오늘 퀘스트 달성은 어떻게 되죠?"

"음~ 그걸 미리 알려주는 건 반칙이지! 승부는 정정당당하게!"

"아 지난번 방탈출에서 깜짝 성경퀴즈 나왔을 때 놀랐단 말이에요. 귀띔을 해주셔야 제가 체면을 지킬 수가 있지요."

"지난주에 광고한 것처럼, 오늘의 맵은 '에클레시아 월드'야. 총 다섯 구역으로 되어있고, 각 구역에서 에클레시아 키 멤버를 찾아 열쇠를 받아서 에클레시아로 들어오면 방탈출 게임이 시작될 거야. 잘 알겠지만 그 열쇠에 기록되어 있는 말씀이 중요한 힌트겠지? 더 이상의 설명은 공정을 위해 생략한다. 건투를 비네 제군! 크크."

"쳇~ 걱정 없어요! 이번에 세례교육 받으면서 진짜 열심히 공부했거든요! 그리고 오늘 저와 함께할 친구 동민이는 스포츠, 연예, 오락, 과학, 상식, 난센스 등 다방면에 완전 빠삭한 친구니까 오늘의 우승팀 상품은 저희가 접수하도록 하겠습니다!"

"그래 열심을 다해보렴~ 전도사님은 선생님들이랑 디너 퀘스트 테이블 잘 준비하고 있을 테니 꼭 완주해서 반갑게 보자구! 꼴찌팀에 주는 치킨 상품권도 뭐 나쁘진 않으니 완주만 해다오~"

"에잇! 꼴찌라뇨! 저희 팀 꼭 우승합니다!"

상현이는 최근에 구입한 오큘러스 글래스3을 착용하고 페이스북 호라이즌에 접속한다.

"페이스북 호라이즌에 오신 여러분을 환영합니다. 오늘 접속하실 에클레시아 월드는 한국 기독교 미래 세대 협회와 페이스북 코리아가 공동 작업한 공간입니다."

"띵동~ '동민님으로부터의 메시지'가 도착했습니다. 수락하시겠습니까?"

"넵!"

"요~ 상현아! 나 여기 첨 와보는데, 생각했던 것보다 훨씬 멋진데? 에클레시아 월드 대박이다!"

"흐흐 나만 믿으라고~ 나 여기 베테랑이거든, 오늘 일 한 번 내 보자구!"

"그래~ 난 10분 전에 접속해서 구경하고 있었는데, 아까 너희 교회 명선쌤인가? 하는 분이랑 수다 떠는데 겁나 재밌더라구. 첨엔 한두 살 차이 나는 누나인줄. 다음엔 니네 교회 직접

가봐야겠다."

"오~ 명선쌤 우리 반 선생님이야! 안 그래도 이따 소개해 주려고 했는데! 역시 통하는구만~ 아, 시간 됐다. 우리 퀘스트 접수하러 가자!"

다가올 미래 **메타버스**

메타버스는 '가상', '초월' 등을 뜻하는 영어 단어 '메타Meta'와 우주를 뜻하는 '유니버스Universe'의 합성어로, 현실 세계와 같은 사회 · 경제 · 문화 활동이 이뤄지는 3차원의 가상 세계를 의미한다. 메타버스는 기존의 가상현실, 증강현실이라는 용어보다 확장된 개념으로 아바타를 통해 친구를 만나고 놀이, 업무, 소비, 소통 등을 하는 가상 세계를 말한다. 정리하자면 현실 세계와 가상 세계가 실감 기술을 통해 결합을 하고 상호 작용을 해서 만들어진 전혀 새로운 세계라고 할 수 있다.

메타버스는 1992년 미국 SF 작가 닐 스티븐슨Neal Stephenson이 소설 『스노 크래시Snow Crash』에 언급하면서 처음 등장한 개념으로, 이 소설에서 메타버스는 아바타를 통해서만 들어갈 수 있는 가상의 세계를 가리킨다. 그러다 2003년 린든 랩Linden Lab

이 출시한 3차원 가상현실 기반의 '세컨드 라이프Second Life' 게임이 인기를 끌면서 메타버스가 널리 알려지게 되었다. 특히 메타버스는 초고속·초연결·초저지연의 5G 상용화와 2020년 전 세계를 강타한 코로나19 팬데믹 상황에서 확산되기 시작했다. 이렇게 메타버스는 5G 상용화와 함께 가상현실·증강현실·혼합현실등을 구현할 수 있는 기술의 발전과 코로나19 사태로 비대면·온라인 추세가 확산되면서 더욱 주목받게 되었다. 메타버스의 대표적인 사례로는 네이버 자회사 제트에서 만든 SNS 플랫폼 제페토ZEPETO와 미국의 로블록스Roblox, 포트나이트Fortnite 등이 있다. 2020년 9월 방탄소년단은 포트나이트의 소셜 공간에서 신곡 〈다이너마이트〉를 발표했고, 같은 시기 제페토에서 열린 블랙핑크 팬 사인회에는 4,600만 명이 다녀갔다. 2021년 7월 페이스북 최고 경영자 마크 저커버그Mark Elliot Zuckerberg는 현재 소셜네트워크서비스 사업을 영위하는 페이스북이 향후 5년 이내 메타버스 기업으로 거듭날 것이라고 밝혔다. 글로벌 시장조사업체 스트래티지애널리틱스SA는 메타버스 시장이 2020년 460억 달러약 52조 원에서 2025년 2800억 달러약 315조 원까지 성장할 것으로 전망했다.

2021년 급부상한 단어인 '메타버스'는 단어 자체에서 드러나듯, 새로운 세계를 형성해 나갈 것입니다. 분명 세속적인 세계관으로 다가올 때 그리스도인의 가치관이 시험대에 오르게 될 것입니다. 그러나 본질을 붙잡고 있는 그리스도인에게는 오히려 이러한 새로운 세계가 복음을 전할 수 있는 좋은 도구가 될 수도 있습니다.

97 vs 3

전문가들은 현 추세대로 가다가는 앞으로 30년 후에 대한민국의 개신교인 비율은 3% 미만으로 추락할 것이라고 예측합니다. 그 말은 30년 후에 우리가 사회에서 그리스도인으로 살아갈 때, 세상의 가치관으로 우리와 대립할 세상 사람들과의 가치관 싸움은 97 vs 3의 비율로 우리가 극소수의 자리에 서게 된다는 말입니다. 이는 선교학에서 규정하는 미전도 종족의 범주에 드는 수치입니다.

미전도종족UPG, Unreached People Group이란 타문화권의 도움 없이 스스로 복음화 할 수 있는 그리스도인 공동체가 없는 종족으로, 기독교인의 비율이 2% 미만인 종족을 가리킨다. 여기서 미전도란 '아직 복음의 손길이 닿지 못한 상태'를 말한다. 이 용어는 '미전도종족선교의 아버지'라 불리는 랄프 윈터Ralph Winter 박사가 1974년 스위스 로잔에서 열린 복음주의 세계선교대회에서 처음 주창했다. 이 용어가 처음 등장한 1800년대 말만 해도 조선은 미전도종족으로 분류 되었다. 이런 조선 땅에 선교사들의 헌신과 그리스도인들의 노력으로 전국 곳곳에 복음이 퍼져나갔다. 일제 강점기를 거치는 동안 한국교회는 민족을 교육하고 독립운동에 앞장서는 등 영향력을 펼쳐 나갔다. 6.25 전쟁 이후에는 민족을 계몽하고 사회의 발전에 앞장섰다. 2000년대에 이르러서 대한민국은 미국에 이어 해외 파송 선교사가 두 번째로 많은 선교 강국이 되었다.

저의 외모는 객관적으로 봐도 선량하게 생긴 비주얼은 아닙니다. 고등학생 때 대낮에 큰 길가에서 마주 오는 아가씨에게 길을 물어보았는데 그 아가씨가 제 얼굴 보고 화들짝 놀라 도망치는 뒷모습을 멍하니 바라봐야 했습니다. 이뿐만이 아닙니다. 목사인 저는 말씀이나 강의를 전하러 갈 때마다 비슷한 경험을 합니다. 그것은 강단에 선 제 모습을 미심쩍게 바라보는 성도들의 눈빛입니다. 아무리 봐도 주님의 은혜가 느껴지는 얼굴이 아니라 당장 주님의 은혜가 필요해 보이는 얼굴이라 그런지 못 미더워 하는 표정들입니다. 분위기 환기를 위해 강사가 뭐 하는 사람같이 생겼냐고 물어보면 각양각색의 대답들이 돌아옵니다. 권투 선수, 이종격투기 선수, 경호원, 형사 등의 건전한 파이터 계열도 많이 들어봤고, 건달, 깡패, 조폭, 양아치, 사채업자 등의 불량한 파이터 계열도 심심찮게 듣습니다. 여하튼 대부분의 반응에서는 '센캐'가 주를 이룹니다.

실제로 저에겐 타고난 강함이 있는 것 같습니다. 할아버지는 유도로 일본 사람들을 제압하셨고, 외할아버지는 80kg 쌀가마니를 들고 뛰는 달리기 선수에다 이름난 씨름꾼 이셨습니다. 그 피를 이어받은 저는 친구들과 힘겨루기 레슬링에선 체급 불문 져 본 기억이 없고, 팔씨름도 학창시절에는 반 대표, 군에서는 부대 대표로 나설 정도였습니다. 한 미션스쿨 고등학교 집회에서 설교 도중 예화로 힘자랑했다가 전국 고교 팔씨름대회에 출전해서 4위에 입상했다는 학생이 도전해왔는데, 당시 전성기가 훌쩍 지난 삼십대 후반이었음에도 어렵지 않게 넘겨주었습니다. 사십대에 들어선 요즘에도 턱걸이를 쉬지 않고 서른 개까지는 하니 어디 가서 힘으로 밀리는 캐릭터는 아니라고 할 수 있지요.

이런 제가 고등학교 1학년 때 학교에서 수련회를 갔는데, 밤 10시쯤 되어 모든 일정이 끝나고 방에 모인 친구들과 어떤 재미난 놀이로 밤을 지새울까 궁리했습니다. 요즘 같으면 스마트폰이 있어 취향별로 다양한 놀이가 가능하겠지만 당시에는 이제 막 유행을 타기 시작한 삐삐조차 없는 친구들이 많았을 때입니다. 그런 우리들에게는 긴 밤을 달래줄 뭔가 신박한 놀이가 필요했습니다. 재미있는 이야기, IQ 퀴즈, 온갖 레크리에이션을 소환하다가 결국에는 베개 싸움으로 마무리 되었습니다. 당시 한 방 정원이 열다섯 명이었는데 웃으면서 시작한 베개 싸움은 이내 전쟁터를 방불케 하는 치열한 자존심 대결이 되었습니다. 한참이 흘렀을까? 정신을 차리고 주위를 둘러보았더니 숙소는 초토화되어 있었고 친구들은 널브러져 있었습니다. 그렇게 우리 방을 접수했지만 아직 남은 밤은 너무 길었습니다. 신나는 추억을 남기고픈 마음에 친구들에게 제안했습니다.

"애들아, 우리 옆 방 털러 가자!"

친구 중에 덩치가 좋고 권투를 배운 친구가 있었습니다. 나름의 작전을 짜서 그 친구와 함께 선봉을 서기로 했습니다. 먼저 둘이 기습적으로 옆방에 들어가서 기선 제압을 하면 모든 친구들이 들어와서 그 방을 접수하는 전략이었습니다. 이렇게 한 방, 두 방 접수해서 전체 학급을 접수하는 게 우리의 원대한 계획이었습니다. 전쟁은 시작 되었습니다. 심호흡을 가다듬고 옆방의 문을 열고 잽싸게 적진 한가운데로 뛰어들었는데, 순간 아차 싶은 광경이 펼쳐졌습니다. 그 방도 이미 베개 싸움 중이었던 것입니다! 갑작스러운 난입에 놀란 표정으로 우리 방의 선발대를 주목하던 아이들 중 한 녀석이 잽싸게 달려가서 문을 잠가버렸습니다. 손쓸 새도 없이 15 vs 2의 싸움이 시작된 겁니다. 저와 친구는 등과 등을 맞대고 포위해오는 적(?!)들을 향해 베개를 휘두르기 시작했습니다. 그렇게 5분을 버텼을까요? 갑자기 뒤에서 비명소리가 들렸습니다. 뒤돌아보니 함께 선봉에 섰던 친구가 쓰러져서 집단 구타를 당하고 있었습니다. 그런데 이 친구가 머리를 다친 모양이었나 봅니다.

"은식아, 내가 지원군 불러올게!"

하더니 문을 열고 밖으로 나가버린 것입니다. 미련 없이 나가버린 전우의 뒷모습을 보며 허탈해하고 있는데 그 방의 친구 한 명이 문을 잠가버렸습니다. 이제 상황은 더 악화되어 15 vs 1의 상황이 되었습니다. 어떻게 했을까요? 곧바로 항복했을까요? 아닙니다. 그래도 우리 방을 평정하고 온 대표 장수인데, 쪽수에 밀린다고 붙어보지도 않고 항복할 수는 없는 노릇이었습니다.

"오케이, 좋아, 다 덤벼!"

호기롭게 외치고 나서 원으로 둘러싼 친구들을 향해 사정없이 베개를 휘둘렀습니다. 회심의 궁극기를 쓸 수 있기 때문이었을까요? 혼자 싸우니 오히려 선봉으로 같이 온 친구가 함께 있을 때보다 더 나은 듯했습니다.

"진영을 무너뜨려라! 데마시아를 위하여!"

가렌이 회오리바람을 일으키듯 온몸을 던져 저항했더니 옆방 친구들도 기가 질린 듯 주춤하는 모습이 보였습니다. 사나이 자존심으로 버티길 한참, 아무리 체력에 자신이 있고 의욕

충만한 저라도 사람인지라 체력 회복이 필요했습니다. 벽에 등을 기대고 잠시 숨을 고르고 있는데, 그 방의 대장으로 보이는 친구 녀석이 순간 소리쳤습니다.

"지금이야, 다 같이 덮쳐!"

그다음은 어떻게 됐을까요? 사방에서 공격해오는 베개 세례에 속절없이 무릎을 꿇고 말았습니다. 그렇게 전교생 위에 호령하고자 했던 저의 큰 꿈은 물거품이 되고 말았습니다. 영화나 만화에서 보면 가냘프게 생긴 주인공이 떡대 건실한 수많은 적을 손쉽게 처리하는 모습을 어렵지 않게 접할 수 있습니다. 그러나 영화는 영화일 뿐, 현실 세계는 냉정합니다. 쪽수로 현격히 밀릴 때는 도망치는 게 상책입니다. 싸움 좀 한다는 친구들도 일단 상대가 네 명을 넘어서면 자존심이고 뭐고 싸움을 피하는 게 정답이라 조언합니다.

97 vs 3

앞으로 그리스도인들이 싸워내야 할 숫자입니다. 교회 내에서 목청껏 찬양하고 목소리를 높여 할렐루야를 외치고 큰 소리로 아멘으로 화답하는 것은 결코 어려운 일이 아닙니다. 신앙의 표현을 동의하는 구성원들만 모인 공동체이기 때문입니다. 그러나 세상에 나가서 하나님을 부정하는 절대다수의 대중 앞에서 그리스도인의 가치관을 지켜내는 것은 결코 쉬운 일이 아닙니다. 교회에서 온실 속의 화초처럼 자란 '처치 키즈Church Kids'에게 다가올 한국교회의 미래는 살벌한 전쟁터요 처절한 싸움일 수 있습니다.

"오직 너 하나님의 사람아 이것들을 피하고 의와 경건과 믿음과 사랑과 인내와 온유를 따르며 믿음의 선한 싸움을 싸우라 영생을 취하라 이를 위하여 네가 부르심을 받았고 많은 증인 앞에서 선한 증언을 하였도다" 디모데전서 6:11~12

오픈 유어 아이즈

"도대체 어떤 녀석이 배신을 때린 거냐? 내 오늘 첩자를 찾아내어 이 나라의 기강을 바로잡을 것이다!"

"왕이시여, 첩자라니요, 가당치 않은 말씀이시옵니다."

"뭣이? 그게 아니라면 어떻게 매번 북이스라엘을 침공하고자 할 때 저들이 우리가 매복한 곳과 공격로를 알고 방비를 한단 말이냐? 한두 번도 아니고 말이야."

"북이스라엘에는 엘리사라는 하나님의 선지자가 있사온데, 그가 우리의 비밀회의 내용을 이스라엘 왕에게 전하는 것으로 사료되옵니다."

"그래? 흠, 배신이 아니었단 말이지. 그렇다면 그 녀석을 먼저 없애버리면 되겠군! 여봐라! 엘리사가 어디 있는지 찾아보도록 하라!"

"사마리아 성읍 옆에 있는 도단이라는 작은 성읍에 살고 있는 것으로 파악되옵니다."

"그거 잘 됐군. 이스라엘 군대가 눈치 채기 전에 바로 출정 준비하라!"

북이스라엘을 침략하려 기회를 호시탐탐 노리던 아람 군대는 선지자 엘리사가 사는 마을을 에워싸기에 이릅니다.

"스승님! 큰일 났습니다!"

"왜 이리 호들갑이냐? 무슨 일이길래?"

"지금 아람 군대가 온 성읍을 에워쌌습니다! 사마리아 성에

도움을 요청하더라도 이미 완전히 포위되어 손쓸 수 없을 지경입니다. 아아, 우린 이제 어쩌면 좋습니까?"

선지자 엘리사에게 사환이 다가와 다급한 목소리로 상황을 전합니다. 이 긴박한 상황에서 믿음의 사람 엘리사의 대응을 봅시다. 흔들림 없는 목소리로 그는 말합니다.

"겁낼 것 없다. 우리와 함께 한 자가 저들보다 많지 않으냐."

"하나님의 사람의 사환이 일찍이 일어나서 나가보니 군사와 말과 병거가 성읍을 에워쌌는지라 그의 사환이 엘리사에게 말하되 아아, 내 주여 우리가 어찌하리이까 하니 대답하되 두려워하지 말라 우리와 함께 한 자가 그들과 함께 한 자보다 많으니라 하고" 열왕기하 6:15~16

멋진 믿음의 선포를 하고 나서 엘리사는 기도를 합니다. 상식적으로 어떤 기도를 해야 할까요?

"하나님! 지금 아람 군대가 에워싸고 있습니다. 여기서 저희가 무자비하게 죽임을 당한다면, 온 이방 족속들이 비웃으며 주님의 이름을 모욕하지 않겠습니까? 그러니 천군 천사를 보내 주셔서 우리의 생명을 건져 주소서!"

이렇게 도움을 간청하는 기도를 해야 이치에 맞습니다. 그러나 이후 펼쳐진 엘리사의 짧고 분명한 기도는 참으로 놀랍습니다.

"기도하여 이르되 여호와여 원하건대 그의 눈을 열어서 보게 하옵소서 하니 여호와께서 그 청년의 눈을 여시매 그가 보니 불말과 불병거가 산에 가득하여 엘리사를 둘렀더라"

열왕기하 6:17

이 얼마나 멋진 모습인가요? 엘리사의 사환은 상황을 보며 두려움에 떨었지만, 엘리사는 믿음의 눈으로 '이미 하나님께서 보내 주신' 천군 천사를 보고 있었습니다. 진작 엘리사를 호위하기 위해 하늘에서 파견된 천사들, 든든한 그들의 늠름한 표정이 그려지나요? 우리 눈앞에 펼쳐질 영적 전쟁도 이와 같습니다. 세상에 나가 복음을 말하고 진리의 편에 서려면 분명 믿지 않는 사람들의 저항에 부딪히게 됩니다. 현실에서 병력이나 화력에 밀리는 싸움을 하게 되면 두려움이 엄습해 오고, 싸울 의지를 잃게 될 수 있습니다. 그러나 믿음의 눈을 열면 항상 우리 옆에 세상보다 크신 하나님이 우리와 함께하고 계십니다.

"우리의 싸우는 무기는 육신에 속한 것이 아니요 오직 어떤 견고한 진도 무너뜨리는 하나님의 능력이라" 고린도후서 10:4

믿음의 눈을 열고 바라보면서 분명한 이 한 가지 사실을 기억해야겠습니다.

"두려워하지 맙시다. 우리와 함께하시는 하나님이 세상보다 크십니다."

하나님 없이도 살 수 있을까?

유홍준 교수님은 『나의 문화 유산 답사기』에서 '아는 만큼 보인다.'라는 말을 했습니다. 하지만 믿음에 있어서는 아는 만큼 믿어지는 것은 아닙니다. 무신론자 중에도 성경 지식에 해박한 이들이 많습니다. 그래서 우리는 스스로의 신앙을 돌아볼

때, 아는 것을 믿는 것으로 혼동해서는 안 됩니다. 다음 세대 집회에서 '믿는 것'과 '아는 것'의 차이를 설명할 때 진행하는 '신뢰 테스트'가 있습니다. 먼저 한 친구를 불러서 벽 쪽을 향해 서게 하고 눈을 감게 합니다. 이후 강사가 "하나, 둘, 셋!"을 외치면 뒤로 넘어가도록 지시합니다. 실행하기 전에 살짝 눈을 뜨고 강사가 어디 있는지 확인할 기회를 줍니다. 그 친구가 고개를 돌리면 바로 뒤에서 팔을 벌려 받아줄 준비를 하고 있는 강사를 볼 수 있습니다. 다시 앞을 보고 눈을 감게 하여 "하나, 둘, 셋!"을 외치게 합니다. 그러면 그 친구는 열이면 열 어렵지 않게 몸을 강사에게 맡기고 뒤로 넘어집니다. 첫 번째 테스트를 완료하면 같은 친구를 벽 쪽으로 다섯 걸음 더 가게 합니다. 강사는 반대편으로 최대한 멀리 이동합니다. 아예 회중석을 지나 한참 떨어진 곳으로 이동합니다. 이전과 같은 확인 작업을 거친 후 "하나, 둘, 셋!"을 외치고 뒤로 넘어가도록 지시합니다. 이때 그 친구는 어떻게 행동할까요? 열이면 열, 이번에는 그 자리에 우뚝 서서 꿈쩍도 하지 않습니다.

이게 바로 믿는 것과 아는 것의 차이입니다. 먼저 친구가 강사의 위치를 확인한 후 눈을 감고 벽을 향해 섰을 때, 자신의 뒤에 강사가 있다는 것을 '안다'고 표현합니다. 방금 전에 돌아보고 자기 뒤에서 두 팔 벌리고 있는 것을 확인했기 때문에 '믿으려고 애쓸' 필요가 없는 것이죠. 그런데 강사가 "하나, 둘, 셋!"을 외치는 순간 그 친구에게는 '믿음'이 필요해집니다. 분명히 강사가 뒤에 있음을 확인했지만 자신을 받아줄 것이라는 '믿음' 없이는 넘어질 수 없습니다. 대개는 강사와 초면인 친구라도 '에이… 설마 강사가 집회 도중에 나를 골로 보내려고 장난치진 않겠지!'하는 정도의 믿음이 있기에 몸을 맡기게 됩니다. 하지만 다섯 발자국 앞으로 걸어가고 강사도 한참 멀어지게 되면 그 믿음을 완전히 거두게 됩니다. 처음 보는 강사가 축지법을 쓸 거라고 믿는 친구는 없기 때문입니다.

우리가 하나님을 믿는 것도 이와 같습니다. 천지창조는 며칠 만에 이루어졌고, 십계명은 어떻게 되며, 이스라엘의 역사는 어떻게 진행되었는지를 아는 것, 예수님의 열두 제자 이름을 달달 외우고 성경 골든벨을 울리는 것은 '아는' 것이지 '믿는' 것으로 볼 수는 없습니다. 하나님을 믿는다는 것은, 하나님께서 오늘 나와 함께하시며 내가 넘어질 때 붙들어주고 일으켜주시는 분이라는 것을 신뢰하는 행위입니다.

"하나님이 세상을 이처럼 사랑하사 독생자를 주셨으니 이는 그를 믿는 자마다 멸망하지 않고 영생을 얻게 하려 하심이라"

요한복음 3:16

우리가 너무나 잘 알고 있는 암송구절 속에 '믿는'이란 단어는 헬라어로 피스튜오πιστεύω로, '신뢰하다', '확신을 두다'라는 뜻을 가지고 있습니다. 즉 우리는 예수 그리스도에게 확신을 두어야 한다는 말입니다.

이제 이 책의 제목이 던져주는 질문에 대답해보려 합니다. 우리는 정말 하나님 없이도 살 수 있을까요? 물론 이미 세상의 많은 사람들이 하나님을 부정하면서도 잘 살고 있습니다. 그런데 엄밀히 말하면 그들은 살아가고 있는 것이 아니라 죽어가고 있는 것입니다. 우리 모두는 어제보다 오늘, 오늘보다 내일 무덤에 더 가까이 다가가고 있습니다. 그렇기에 인간은 이 땅에서 순간의 쾌락, 찰나의 행복은 누릴 수 있을지 모르나 결국에는 예외 없이 절망과 두려움 속에서 죽음을 맞이하게 될 운명입니다. 그러나 하나님께 확신을 두는 인생은 다릅니다. 우주

만물을 지으신 하나님은 인간에게 죽음 이후의 영원한 삶을 준비해 놓으셨기 때문입니다. 이를 증언하는 것이 바로 인류 최고의 베스트셀러인 『성경Holy Bible』입니다. 그래서 하나님을 붙잡는 인생은 죽어가는 것이 아니라 살아가는 것이며, 결국 우리 그리스도인들은 영원한 생명을 믿음의 유업으로 받게 될 것입니다.

이 사실이 진실로 믿어진다면 우리의 삶은 달라질 수밖에 없습니다. 말 그대로 차원이 다른 클래스의 삶을 살게 되는 것이죠. 천국을 소유했으니 세상 사람들을 낮춰 보며 깔봐도 된다는 의미가 아닙니다. 훨씬 더 여유롭고 너그럽게 인생을 바라볼 수 있기에 세상의 불합리에 맞설 수 있고 소외된 이웃을 아낌없이 품을 수 있는 것이죠. 순간의 상황과 결과에 일희일비一喜一悲하지 않으니 늘 꾸준한 컨디션으로 인생의 마라톤을 완주할 수 있습니다. 결과를 위해 수단과 방법을 가리지 않는 세상 속에서 손해를 보더라도 타협하지 않고 바른길을 걷는 모습을 보여줄 수 있습니다. 이미 승리한 경주이기에 조바심을 낼 필요가 없으니 친구의 성공을 진심으로 축하해 줄 수 있습니다. 나 자신이 평안의 주체이신 예수 그리스도께 붙들려 있으니 세상에서 불안해하고 떨고 있는 이들에게 든든한 친구이자 상담가가 되어줄 수 있습니다. 저 하늘의 상급을 기대하고 있으니 이 세상에서의 성공 공식을 충실히 따르느라 치열한 경쟁 속에서 가시가 돋아 있는 이들에게 따뜻한 손을 내밀 수 있습니다. 우리 그리스도인들이, 믿는 대로 복음을 살아내기만 한다면 얼마나 매력적인 모습일까요? 그리고 그러한 삶의 능력은 얼마나 많은 이들을 주님께로 돌아오게 할 수 있을까요? 그래서 성경은 우리를 그리스도의 향기요, 편지라고 이야기합니다.

"우리는 구원 받는 자들에게나 망하는 자들에게나 하나님 앞에서 그리스도의 향기니" 고린도후서 2:15

"너희는 우리로 말미암아 나타난 그리스도의 편지니 이는 먹으로 쓴 것이 아니요 오직 살아 계신 하나님의 영으로 쓴 것이며 또 돌판에 쓴 것이 아니요 오직 육의 마음판에 쓴 것이라"

고린도후서 3:3

다가올 미래는 변화와 도전의 시대입니다. 과거의 지혜와 경험이 더 이상 통하지 않는 세상에서 여러분은 살아가게 될 것입니다. 그러나 여전히 역사의 주관자는 하나님이시기 때문에 두려워할 필요는 없습니다. 대신에 변하는 세상 속에서 변치 않는 진리를 붙들어야 합니다. 복음으로 무장한 미래 세대가 되어 이웃을 감동시킬 인격을 갖추고, 세상을 이끌 실력을 품고, 하나님께 인정받는 믿음을 겸비한 그리스도인으로 서길 바랍니다.

우리는 하나님 없이는 도저히 살 수 없습니다.

그러나 하나님과 동행한다면 그 어떤 것도 문제 될 것이 없습니다. 그리스도인으로서 자부심을 가지고 용기를 내어 함께 복음을 살아내 봅시다.

"평안을 너희에게 끼치노니 곧 나의 평안을 너희에게 주노라

내가 너희에게 주는 것은 세상이 주는 것과 같지 아니하니라

너희는 마음에 근심하지도 말고 두려워하지도 말라"

요한복음 14:27

광고업계에 종사하는 카피라이터들에게 두고두고 회자되는 문구가 있습니다.

"사자가 자세를 바꾸면 밀림이 긴장한다."

도심을 달리는 세단 아래에 달린 글귀입니다. 2002년 벤츠코리아에서 신문 광고에 넣은 문구인데요, 짧은 문장이지만 임팩트가 있기에 광고 언어의 힘에 대한 좋은 예시로 활용되곤 합니다. 여러분들은 어떻게 느끼시나요? 상상을 해보면, 수많은 동물들이 공존하는 밀림에서 배가 고파 사냥을 준비하는 사자가 자세를 바꿀 때, 여기저기서 동물들이 긴장하는 모습을 어렵지 않게 떠올릴 수 있습니다. 그만큼 사자 한 마리의 위엄은 대단합니다. 스마트폰 속 내셔널 지오그래픽 영상에서 볼 수 있는 사자나 동물원의 우리에 갇혀 있는 사자를 볼 때는 별 감흥 없겠지만, 실제 살아있는 사자를 안전장치 없이 눈앞에서 마주하게 된다면 아마도 온몸이 굳어지는 두려움을 느끼게 될 것입니다.

　때로는 밀림 같은 세상에서 살아갈 때, 거센 변화와 도전 앞에서 우리는 두려움을 느낄 수 있습니다. 어디선가 튀어나올지 모를 맹수의 위협이 두려워 벌벌 떨고 있을지도 모릅니다. 하지만 우리 자신이 누군지를 돌아본다면 자세는 달라질 것입니다. 이 세상의 주관자이신 하나님이 나의 아버지 시라면, 우리는 이미 승리한 부대의 부대원인 것입니다. 예수님의 별명 중에 '유다의 사자'라는 호칭이 있습니다. 그렇다면 예수님의 심장을 가진 우리는 사자의 심장을 가진 자들로 볼 수 있을 것입니다. 다시 위의 문구로 돌아가 보자면, 우리는 자세를 바꾸는 사자 앞에서 두려워할 존재들이 아니라, 바로 밀림에서 자세를 바꾸는 사자라고 볼 수 있습니다.

세상에 나아가 자세를 바꿀 때, 세상을 긴장케 할 당신의 활약을 기대합니다.

"장로 중의 한 사람이 내게 말하되 울지 말라 유대 지파의 사자 다윗의 뿌리가 이겼으니 그 두루마리와 그 일곱 인을 떼시리라 하더라" 요한계시록 5:5

하나님
없이도 살 수 있을까?

초판 1쇄 발행 2021년 9월 28일

지은이 고은식
그린이 고은식
펴낸이 이재원

펴낸곳 선율
출판등록 2015년 2월 9일 제 2015-000003호
주소 경기도 구리시 동구릉로 148번길 15
전자우편 1005melody@naver.com
전화 070-4799-3024   **팩스** 0303-3442-3024
인쇄 성광인쇄   **제본** 정원제책

ⓒ 고은식, 2021

ISBN 979-11-88887-15-6 03230

값 13,000원